汪　洋／著

中国风险投资
阶段选择行为研究

基于默会知识视角

THE RESEARCH
ABOUT STAGE CHOICE BEHAVIOR
OF VENTURE CAPITAL IN CHINA

BASED ON THE TACIT
KNOWLEDGE PERSPECTIVE

社会科学文献出版社
SOCIAL SCIENCES ACADEMIC PRESS (CHINA)

摘　　要

　　自 20 世纪 80 年代开始，投资阶段分化成为美国风险投资机构异质化发展的重要特征之一。随后，阶段选择现象在不同国家风险投资发展过程中也都有所呈现。中国引入风险投资制度之后，偏好后期阶段项目投资的特征较为突出。已有研究表明，阶段选择会对被投资企业产生实质性影响。因此，理解阶段选择的形成机制和影响因素具有现实意义。针对阶段选择现象，理论界从微观和宏观两个层面进行了研究。但是，目前的相关研究存在设计缺陷和结论冲突问题。近年来有研究表明，默会知识可以为行为研究提供理论分析来源。结合目前研究现状，从默会知识的角度对风险投资阶段选择行为进行进一步的研究，便成为一个顺理成章的想法。

　　本书研究目标主要在于以下方面：①厘清在不确定环境中默会知识影响决策行为的作用机制；②在微观层面验证默会知识对风险投资阶段选择的影响；③在宏观层面验证影响默会知识的宏观因素对风险投资阶段选择的影响。

　　本书第一部分是默会知识影响风险投资阶段选择的机制研究。

该部分首先从经济环境与学术发展阶段、显著性特征以及对经济理论价值的影响三个角度，论证了本书采用主体异质性假设作为理论前提的合理性。

其次，以语境与视角为线索，对不确定性的现有研究结论进行分类分析，得出结论：本书谈及的不确定性是决策语境下全面视角的不确定性，它由主体内在异质性（内生不确定性）和外在环境差异（外生不确定性）共同产生和决定。

再次，进行风险投资决策机制研究。理性程度是决定风险投资家（决策团队）内生不确定性的主要因素。理性程度高的风险投资家（决策团队）更可能选择完全理性模型，导致用以筛选项目的满意水平设置非常高（极值）；理性程度低的风险投资家（决策团队）更可能选择有限理性模型，导致用以筛选项目的满意水平设置较低（满意值）。但是，无论使用哪种决策模型，其决策的最终目的都是要在主体内在条件约束下获取最优投资回报。决策结果将是一个均衡解，即在项目阶段特征所决定的外生不确定性，与决策主体理性程度所决定的内生不确定性相匹配时，停止搜寻，产生决策结果。

最后，对默会知识及其影响路径进行研究。通过将默会知识与不确定性相联系，笔者对默会知识的度量体系进行了拓展，包括专业经历、结果反馈、背景文化相似性、背景文化开放性，以及先天理解能力。

默会知识的增加将提高决策主体的理性程度，进而引发所使用决策模型的更换，以至于决策主体会设定更高的满意水平。阶段越靠前，则风险投资家（决策团队）需要考虑花费更多搜寻成本的项目。一旦阶段更加靠前的项目成为拟投资的目标，则意味着外在不确定性增加。面对更高的不确定性，决策者需要更高的理性程度予以应对。只有当外在不确定性的增加，刚好与新的理性程度所决定的内在不确定性再次匹配时，搜寻结束，阶段选择行为完成，形成新的均衡解。

默会知识影响阶段选择的具体路径包括：微观层面，默会知识直接影响首次投资选择和整体投资策略，同时，默会知识也通过首次投资选择间接影响整体投资策略；宏观层面，宏观因素通过影响决策主体的专业经历和背景文化，影响区域风险投资的行为特征。

本书第二部分是关于风险投资阶段选择的现状描述，以及对阶段选择行为在我国是否产生实质性影响的检验。

通过定量分析可以看出：首先，我国风险投资存在明显的阶段选择分化现象，不同年份间阶段选择的总体偏好有波动，但没有出现特别显著的规律性；其次，我国不同地区间的阶段选择区别较大，各地区不同年份间的阶段选择的稳定性也有较大不同；再次，国外风险投资也存在明显的阶段选择分化，国内外风险投资阶段选择总体偏好的波动没有同步性；最后，2010～2013年，国外风险投资选择早期阶段项目的投资比例要高于国内。

实证检验结果表明，风险投资阶段选择行为对被投企业会产生实质性的影响，具体表现为：①在有风险投资参与的子样本中，风险投资进入风险企业的时间越早，则越能促进风险企业进行更多的研发投入，显著提升风险企业的成长性，显著提升企业的获利能力；②在包括没有风险投资参与的全样本中，风险投资在企业后期阶段进入，企业的成长性比没有风险投资参与的企业更差，企业的获利能力与没有风险投资参与的企业相差无几；

③风险投资选择在风险企业后期阶段进入，导致助推作用下降，乃至产生一定的副作用，这降低了风险投资总体的助推经济的效果。

本书第三部分是在微观层面上检验默会知识对风险投资阶段选择的影响。

默会知识影响首次投资阶段选择的检验结果表明，决策团队进入风险投资机构之前形成的默会知识中：①创业经历越多，首次投资选择早期阶段项目或者早期阶段 A 轮项目的概率越大；②研发经历越多，异地投资时首次投资选择早期阶段项目或者早期阶段 A 轮项目的概率越小，而同城投资时首次投资选择早期阶段项目或者早期阶段 A 轮项目的概率越大；③海外发达地区工作经历越多，首次投资选择早期阶段项目或者早期阶段 A 轮项目的概率越大；④金融工作经历越多，首次投资选择早期阶段项目或者早期阶段 A 轮项目的概率越小；⑤同城投资与异地投资相比，首次投资选择早期阶段项目或者早期阶段 A 轮项目的概率更大；⑥默会知识比明述知识对首次投资阶段选择的影响更显著。

默会知识影响后续总体投资策略的检验结果表明：①首次投资选择对后续总体投资策略有显著影响；②首次投资成功公开募股将吸引投资机构投资阶段后期；③经过一定投资次数的积累，"干中学"形成的默会知识将有助于后续总体投资策略偏向早期阶段项目投资；④研发经历对后续总体投资中的早期阶段项目投资占比有显著的正面影响；⑤进入风险投资机构之前的专业经历对后续总体投资策略有影响，但显著性下降；⑥经管类教育背景对总体投资策略影响的显著性有所上升。

本书第四部分是在宏观层面检验默会知识对风险投资阶段选择的影响。

理论分析表明，区域产业结构会对其区域中的风险投资家或者潜在的风险投资家，进入机构之前和之后的默会知识形成产生影响；区域文化背景则会对特定默会知识扩散的难易程度产生影响。这两类宏观因素在现有研究中较少被提及，同时，它们也具有难以在区域间复制的特征。

静态模型检验结果显示：①工业企业获利能力越强、第二产业越发达或地位越重要，越不利于风险投资选择早期阶段项目；②人口流动性越强、风险规避程度越低，越有利于风险投资选择早期阶段项目；③各地之前的 IPO 数量越多，越能吸引风险投资机构选择后期阶段项目；④高税率会降低投资早期阶段项目的意愿。动态模型检验结果显示：①风险投资阶段选择行为受到自身发展规律的影响；②在控制了自身周期性发展规律的影响后，作为外生影响因素的产业结构与文化因素，依然表现出对风险投资阶段选择行为的影响。上述检验结果证明，默会知识在宏观层面也会影响风险投资阶段选择的特征。

本书的核心结论是：首先，风险投资的阶段选择行为的确会产生实质性的影响；其次，默会知识对风险投资阶段选择有显著影响；最后，产业结构与区域文化是影响风险投资阶段选择的宏观因素。

本书的创新之处主要体现在如下方面：①不确定性研究的语境与视角的提出；②默会知识影响风险投资阶段选择的机制研究；③默会知识影响风险投资阶段选择的实证检验。

关键词：风险投资　阶段选择　默会知识　不确定性

Abstract

Since the 1980s, the stage selection differentiation becomes an important feature of US venture capital institutions heterogeneous development. Then, the stage selection phenomenon also has presented in different countries during the development of venture capital. After the introduction of venture capital system by Chinese, the preference for the investment of late stage project becomes prominent. Previous studies have indicated that the stage selection will have a great effect to the invested enterprise. Therefore, it is of practical significance to understand the formation mechanism and influencing factors of the stage selection. For stage selection phenomenon, theorists have studied from the micro and macro levels. However, there are some problems in the research of design flaws and conclusions. In recent years, research has shown that tacit knowledge can provide a theoretical analysis source for the study of behavior. Combined with the current status of research, from the perspective of tacit knowledge for further study of the venture capital stage selection behavior, it becomes a logical idea.

The goal of the article lies in the following aspects: ①clarifying the mechanism that the tacit knowledge affecting action of decision-making behavior in the uncertain environment; ②testing that the tacit knowledge affecting venture capital stage choice on surface of the micro layer; ③verifying that macro factors of effecting (reflection) tacit knowledge affecting stage choice.

The first part of the paper is a research on the mechanism how tacit knowledge affects stage selection.

This part starts with justifying the adoption of agent heterogeneity hypothesis as the paper's theoretical premise from three dimensions——economic environment and academic development stage, significant features and the impacts on the value of economic theories.

Secondly, in light of the context and perspectives, the paper classifies and analyzes the existing research findings on uncertainty, and then draws the following conclusion: the uncertainty in this paper is one with a comprehensive angle and within the decision-making context, and is produced and determined by the joining of agent internal heterogeneity (endogenous uncertainty) and external environmental differentiation (exogenous uncertainty) .

Thirdly, the paper studies the decision-making mechanism of venture investment. Rationality degree is the major factor in determining the degree of endogenous uncertainty borne by venture capitalists (decision-making teams) . Highly rational venture capitalists (decision-making teams) are more likely to choose the entire rationality model, leading to an extremely high satisfactory level (extreme value) which is used to screen programs; venture capitalists (decision-making team) with a low degree of rationality are more likely to choose a bounded rationality model, leading to a low satisfactory level (satisfactory value) which is used to screen programs. However, no matter which decision model is used, the ultimate aim of its decision-making is to get the best return on investment under the constraints of the agent's internal conditions. Decision results will be a balanced solution, which is when the exogenous uncertainty determined by the program's stage characteristics matches the endogenous uncertainty determined by the rationality degree of the decision-making body, the search will come to a stop and the decision results produced.

Finally, the paper probes into the tacit knowledge and its influence paths. By linking tacit knowledge with uncertainty, we expand the measurement system of tacit knowledge, including professional experience, feedback of results, similarities of cultural background, openness of background culture, and innate comprehension ability.

Increasing the tacit knowledge will improve the degree of rationality of the decision-making body, triggering a change in the adopted decision-making model. It further causes the decision-making body to set higher satisfaction levels; the programs that are at a more forward stage and need more searching costs must be factored into the consideration of venture investment. Once such programs become the proposed investment programs, it means an increase in exogenous uncertainty. In the face of higher uncertainty, decision-makers need a higher degree of rationality in response. Only when the increase of exogenous uncertainty matches again the endogenous uncertainty determined by the new rationality level, the search stops, stage selection is completed and a new equilibrium is formed

Tacit knowledge affects stage selection through such specific paths, including: on the micro level, it directly affects the initial investment choices and overall investment strategy; at the same time, tacit knowledge affects the overall investment strategy indirectly through the initial investment choice; on the macro level, macroeconomic factors affect the behavior characteristics of regional venture investment by way of influencing the professional experience and background culture.

The second part of the article is about the status description of the venture capital stage choice, and if or not the choice behavior of the stage in our country has a substantive impact inspection.

Through quantitative analysis we can see that venture capital in China has obvious stage choice differentiation phenomenon firstly. The overall preference of the different years of the choice of the total preference has fluctuated, but there is no obvious regularity of the deposit. Secondly, the foreign venture capital also has the obvious stage choice differentiation, the domestic and foreign venture investment stage choice overall preference fluctuation does not have the synchronization. Lastly, from 2010 to 2013, foreign venture capital investment in the early stage of the project investment ratio is higher than the domestic.

Empirical test results show that the stage selection behavior of venture capital will have a substantial impact to Invested enterprise. The results show: ① In a sub sample of venture capital, when VCs invest firm in early stage, it can promote more R&D investment than in later stage, boosting the growth of firm significantly, and enhancing the firm's profit ability significantly; ② In the full sample including no venture capital investment, VCs investing firm at later stage are worse than not enter, because they get negative effects on firm's growth. There is no significant impact on firm's profit ability when VCs invest firm at later stage; ③ Venture capital enter the enterprise in the late stage, resulting in a decline in the role of the boost, and even have a certain side effects, reducing the overall risk of investment in the economy to boost the economy.

The third part of the article is testing the influence of the tacit knowledge to venture capital stage choice on the micro level.

Tacit knowledge influences the stage of investment for the first time to choose the test results show that the decision-making team before entering the organization form of tacit knowledge in ① the more entrepreneurial experience, the greater probability venture capital chooses early stage project in the first time; ② The more research and development experience, the smaller probability venture capital choose early stage project in the first investment project in long distance, and the more research and development experience, the greater probability venture capital choose early stage project in the first investment project in short distance; ③ the more developed areas overseas work experience, the greater probability venture capital chooses early stage project in the first time; ④ the more financial work experience, the smaller probability venture capital chooses early stage project in the first time; ⑤ compared with the long distance investment, venture capital has more probability choosing early stage project in the first time investment when the distance is short; ⑥Tacit knowledge is more significant influence on investment stage of choice for the first time than clear knowledge.

The test about tacit knowledge influencing subsequent overall investment strategy shows that: ① the first time investment chose has remarkable effect on the subsequent overall investment strategy; ②the first time investment successful IPO will attract venture capital choosing late stage; ③ the more investment, the more venture capital preferences late stage project in subsequent overall investment strategy; ④ research and development experience has a significant positive impact for the probability of early stage project in the subsequent overall investment strategy; ⑤ professional experience before entering the institutions have an impact on subsequent overall investment strategy, but significantly decreased; ⑥ education background of administration has significantly increasing affection to overall investment strategy.

The fourth part is to test that tacit knowledge affect phase selection at the macro level.

Theoretical analysis showed that the regional industrial structure affects the tacit knowledge of venture capitalists before and after entering institutions. Regional culture influences the degree of the spread of the tacit knowledge.

The results of static model show that: ① the stronger the industrial enterprise profit ability and the second industry more developed or position more important, the more unfavorable to early stages venture capital investment; ② The results also show that the stronger the population mobility and the lower degree of risk aversion, the more favorable to early stage venture capital investment; ③ The more IPO numbers in history in region, the more venture capital chose later stage item; ④ Personal income tax rate have a negative impact for venture capital choosing early stage item. The results of dynamic model show that: ① venture capital stage choice behavior was affected by its own law of development; ② After control the impact mentioned, as the exogenous influence factors, industrial structure and culture still show the expected influence. This chapter test proved that the tacit knowledge in the macro level may also affect venture capital stage choice.

Core conclusion is: Firstly, stage selection of venture capital will indeed have a substantial impact; Secondly, tacit knowledge has a significant impact on the venture capital stage selection; and finally, the macro factors of industrial structure and regional culture affect stage selection.

The innovation of this article is mainly manifested in the following aspects: ① The article first proposed to analyze uncertainty from context and perspective; ② The article analyzes the mechanism of tacit knowledge affecting stage selection; ③ The article testes that tacit knowledge has affection to venture capital stage selection.

Keywords: Venture Capital; Stage Selection; Tacit Knowledge; Uncertainty

目　　录

第一章　导论

第一节　概念界定、研究背景与研究目标

一　概念界定

（一）风险投资

Gompers 和 Lerner（1994）曾将风险投资定义为，机构利用独立管理的股权及与股权相关的专业资本工具，投资于私人控股、高成长企业。该定义又可做狭义和广义两种理解：狭义的风险投资强调机构的投资方向集中于企业早期阶段和高科技企业，又被称为"经典的风险投资"；广义的风险投资则指机构以私人控股、高成长企业为主要投资对象，但不限于高科技行业和企业早期阶段（Avnimelech and Teubal，2006）。在大多数国家的风险投资数据统计中均采用了广义概念。因此，本书涉及的风险投资概念也特指广义的风险投资。

（二）阶段选择

根据企业生命周期理论（爱迪思，2004），企业的发展过程

可被划分为多个阶段。阶段选择是指风险投资机构选择处于某一发展阶段的企业作为投资重点的行为偏好（汪洋，2015）。它是风险投资机构在决策主体有限理性假设前提下的一种投资策略（Patzelt et al.，2009）和战略选择（蔡宁、徐梦周，2009）。

（三）默会知识

波兰尼（Polanyi）（1958）最早提出了默会知识（tacit knowledge）的概念，意指难以言传的知识，是对各种部分知识的整合机制。学术界一般认为默会知识可划分为诀窍知识和心智模型（窦军生等，2009）两种类型。Collins（2010）的研究表明，默会知识可以为行为机制的研究提供理论来源。这也正是本书以此为切入点研究风险投资阶段选择的缘由。现有研究中，已经有学者（Dimov and Shepherd，2005；Dimov et al.，2007；Patzelt et al.，2009；李严等，2012）以各种专业经历来度量默会知识，涉及此类实证研究。

二 研究背景

（一）阶段选择分化现象的出现

《风险投资》发行人 Stanley Pratt（1987）最早关注到风险投资阶段选择行为的分化现象，并按投资阶段对风险投资的类型进行了划分。随后，Ruhnka 和 Young（1987）、Robinson（1987）的研究表明，投资阶段分化是美国风险投资机构异质化发展的重要特征之一。

20 世纪 80 年代以来，在"硅谷奇迹"的刺激下，各国政府纷纷效仿美国，开始引入风险投资制度。阶段选择现象随之在不同国家风险投资发展过程中都有所呈现。总体来看，长期以来以

色列的风险投资绝大多数偏好投资早期阶段项目，Avnimelech 和
Teubal（2006）认为正是这种选择偏好导致了以色列高科技产业
群的成功创立。欧洲的风险投资则更加偏好后期阶段项目，
Cowling 等（2008）发现，因为主要针对后期阶段项目提供风险
资本，英国实施的"投资信托计划"在企业生产力、雇员规模
和盈利能力方面收效甚微，甚至起了反作用。但是，2007 年以
后欧洲风险投资的选择偏好有了明显改变。中国自 20 世纪 80 年
代中期引入风险投资制度之后，风险投资偏好后期阶段项目的特
征较为突出。Naqi 和 Hettihewa（2007）曾指出，与其说研究中
国的风险投资，还不如将其称之为私募股权投资。科技部部长万
钢（2010）则声称"我国风险投资业面临的主要问题是种子期
和起步期投资依然不足"。

（二）理论研究存在的问题

针对阶段选择现象，理论界从两个层面进行了研究：微观
层面与宏观层面。在微观层面上，Dimov 等（2007）、Patzelt
等（2009）、李严等（2012）认为风险投资高管团队的教育背
景和实践经历是影响阶段选择的主要原因。但是，这些研究存
在下列问题。第一，将风险投资所面临的不确定性视同风险加
以处理。当风险投资选择早期阶段项目时，决策团队面临的是
不确定性，决策者使用的是启发式模型（Zacharakis and
Shepherd，2001；Zacharakis and Meyer，2000），而不是面临风
险时所使用的效应法则模型。现有研究的处理方式是，要么明
确地假设不同阶段项目中都只是蕴含风险而不是不确定性
（Wright et al.，2002；Patzelt et al.，2009），要么不加讨论，
但依然按风险处理（Dimov et al.，2007；李严等，2012）。也

就是说，在目前研究中，面对不确定性，研究者依然参照面对风险时的方法处理。这导致不确定性环境下的阶段选择研究实际上是缺乏理论基础的。第二，未区分高管团队进入机构之前的经验与进入机构之后的经验对阶段选择的影响。现有研究是以高管团队进入机构之前的经历为解释变量来解释风险投资一段时期内整体的选择偏好的。但是，进入机构之后的投资经验，即投资结果反馈和"干中学"，显然也会对总体投资策略形成影响。这一点在现有研究中考虑得不够充分。第三，样本检验可能存在内生性风险。现有研究均是以一段时期内的风险投资高管团队人力资本来解释同一时期内的风险投资总体投资策略的。在这段待检验时期内高管团队的成员是变动的，与发生的投资案例之间可能存在一个互动过程，因此便导致内生性风险的存在成为可能。

在宏观层面上，Jeng 和 Wells（2000），Armour 和 Cumming（2006），Da Rin 等（2006），Bonini 和 Alkan（2012），杨大楷、李丹丹（2012），Lerner（2009），左志刚（2011），Cumming（2014）认为资本市场、经济发展、税收制度、劳动力市场刚性和政府直接干预等会影响阶段选择。然而，这些研究结论充斥着大量的相互矛盾之处。宏观因素最终是通过影响决策者来发挥作用的。如果决策者本身存在差异性，则相同的宏观因素的确可能导致不同的决策结果。在目前的宏观层面研究中，缺乏导致决策者异质性特征的宏观变量，这可能是宏观研究亟须改进的方面。而宏观现象均有其微观基础。微观层面上对决策者决策行为研究的不全面、不透彻，可能是导致宏观研究中变量缺失更为根本的原因。

Collins（2010）的研究表明，默会知识可以为行为研究提供理论分析来源（王增鹏、洪伟，2014）。结合目前研究现状，深入论证默会知识对风险投资阶段选择行为的影响，便成为一个顺理成章的想法。

三　研究目标

（一）厘清在不确定性条件下默会知识影响决策行为的作用机制

不确定性与风险存在不容忽视的区别。借用风险条件下的决策理论去处理不确定性条件下的决策问题，显然存在严重问题。因此，本书的研究核心和首要任务是，厘清在不确定性条件下默会知识影响决策行为的作用机制。

为了实现该研究目标，首先，笔者对不确定性的本质特征进行梳理和甄别。学术界较为公认的有关不确定性的定义及分类多达十几种，说明学者们在不确定性本质特征的认识上存在一定分歧。本书通过对前人研究的梳理，试图找出有关不确定性认知分歧的原因，辨析不确定性的本质特征。其次，厘清不确定性条件下采用的决策模型的作用机理。有关不确定性条件下决策模型的研究尚不够成熟，如启发式决策模型只停留于现象总结阶段，其背后的理论基础还不够完善。本书通过明确不确定性的本质特征，试图进一步推进不确定性条件下决策模型的理论基础构建工作。最后，拓展默会知识度量指标体系，并对其影响阶段选择的路径进行分析。与不确定性概念较为相似，默会知识也是相对模糊、存在争议的学术概念。本书拟从经典概念出发，通过将默会知识与不确定性相结合，来拓展默会知识的度量体系，并据此分析默会知识在决策模型中发挥作用的路径，从而完整构建本书的理论基础。

（二）在微观层面验证默会知识对风险投资阶段选择的影响

默会知识是个体知识，所以其发挥作用的层面首先是微观层面。尽管阶段选择行为在宏观层面表现出的特征会更加引人关注，但是理解和验证默会知识如何在微观层面影响阶段选择，才是解释和解决宏观问题的关键所在。

为了实现上述目标，本书拟从如下方面入手。首先，拓展默会知识度量指标体系。阶段选择是一种决策行为，从内因角度来看，决策主体的知识体系自然是影响决策行为的首要因素。现有研究中学者们将默会知识等同于人力资本，因此各类经验便成为度量默会知识的唯一指标，这种做法实质上存在对默会知识度量不全面的问题。因此本书将从默会知识与不确定性的关系出发，明确默会知识的完整度量指标体系，从而完善实证检验的模型。这也是本书从默会知识角度出发研究阶段选择行为，与现有研究——从人力资本角度出发研究阶段选择行为最大的不同之处。其次，通过研究设计区分不同时期形成的默会知识所产生的影响。风险投资阶段选择行为既可能受决策团队进入机构之前所形成的默会知识的影响，也可能受风险投资过程中"干中学"所形成的默会知识的影响。并且，首次投资的成功与否，作为一种反馈信息也会造成决策主体有关默会知识的调整与形成，自然也会影响机构整体的选择偏好。本书通过样本选择设计，来分别检验不同时期形成的默会知识对机构投资偏好整体风格的影响，从而实现对现有研究的细化和推进，在更细致的层面检验默会知识对阶段选择的影响。

（三）检验影响（反映）默会知识的宏观因素对风险投资阶段选择的影响

现有研究表明在宏观层面各区域的风险投资阶段选择行为存在明显差异。而已有的宏观因素研究结论存在诸多矛盾之处。如果默会知识的确是影响阶段选择行为的关键因素，则检验影响（反映）默会知识的宏观因素对宏观层面投资偏好的影响，有可能是解决学术矛盾、提升区域间阶段选择差异解释力度的关键所在。

为实现上述目标，本书拟从如下方面入手。首先，根据默会知识的内涵，分析影响默会知识形成的宏观因素。该因素应符合两项特征：一是之前的宏观因素研究中未曾包括的；二是该因素在不同区域间具有不宜复制的特点，从而才有可能导致区域间阶段选择行为的显著差异。其次，选择代理变量，通过宏观样本数据对其进行检验。如果通过检验，则说明默会知识在宏观和微观层面，对风险投资个体和区域总体的决策行为均有影响。

（四）检验阶段选择对我国被投企业产生的影响

目前少量研究（Avnimelech and Teubal，2006；Cowling，2008）显示，风险投资在企业发展不同阶段介入会影响被投企业的经营发展。但是之前的研究主要基于国外样本，至于风险投资阶段选择行为对我国企业会产生怎样的影响，还缺乏较为充分和全面的研究。而这方面的研究结论直接体现出，研究阶段选择行为形成机制和影响因素的现实意义。

为更好地实现上述研究目标，本书拟从阶段选择对被投企业研发投入、成长性和盈利能力三方面的影响角度进行研究，较为全面地反映阶段选择对被投企业的综合影响。

第二节　研究思路与研究方法

一　研究思路

首先，借助文献分析法和定性分析法，从决策主体的异质性假设入手，对不确定性、默会知识以及风险投资决策机制进行研究，在理论上构建默会知识影响风险投资阶段选择的完整机制。

其次，从描述现象入手，通过定量分析描述我国风险投资阶段选择行为的现状。然后利用实证检验方法，检验风险投资阶段选择行为对被投企业产生的实质性影响，从而明确本研究的现实意义。

再次，根据默会知识的度量指标体系，以及默会知识的影响路径，进行研究设计，并借助实证研究方法，从微观层面和宏观层面验证默会知识对风险投资阶段选择的影响。

最后，根据理论研究和检验结果，结合已出台政策的特点，提出推动我国风险投资阶段前移的政策实施路径，然后针对每条路径设计具体的政策措施，以实现推动风险投资阶段前移的目标。

本书的研究思路见图 1-1。

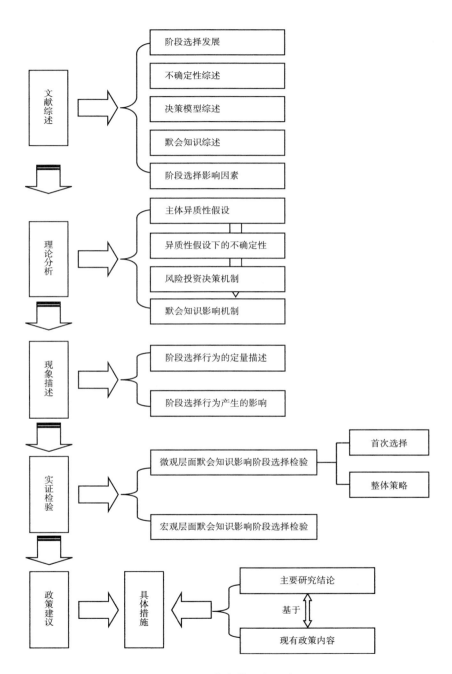

图 1-1 本书的研究思路

二 研究方法

本书以奈特不确定性下的行为决策理论、预期理论、理性疏忽理论和制度经济学为基础，综合运用统计学、计量经济学、投资学、管理学和计算机技术，在借鉴国外经验的基础上，注重强化中国的特色。通过文献分析法与定性分析法相结合、定量分析法与比较分析法相结合、实证分析法与规范分析法相结合，综合运用多种研究方法，保证研究资料来源的可靠性和实证研究设计的科学性和合理性，力求本书的研究结论具有严谨性和稳健性，从而使得本书提出的对策建议具有可靠性和针对性。具体来说，本书主要采用以下几种研究方法。

（一） 文献分析法与定性分析法相结合

本书在理论分析章节主要通过国内外研究文献的比较分析，结合行为决策理论、预期理论、理性疏忽理论以及制度经济学，对不确定性在决策语境下和自然语境下的特质进行定性分析，对默会知识的内涵和外延进行梳理和比较，并对默会知识与阶段选择的关系进行定性分析。

（二） 定量分析法与比较分析法相结合

在对我国风险投资阶段选择行为的现状描述中，本书通过量化分析分别从投资金额、投资项目数、投资行业等方面描述了我国风险投资阶段选择的现状，并从国内外、投资年份等方面分析比较了风险投资阶段选择行为在横向和纵向上的变化态势。

（三） 实证分析法与规范分析法相结合

本书总体上通过实证研究方法，检验了阶段选择在我国产生的实质性影响、默会知识对风险投资阶段选择的影响，以及影响默会知识形成的宏观因素对阶段选择的影响。在此基础上结合检验结果，通过规范分析方法，针对影响因素和路径，进行具体措施设计。

第三节 创新之处与研究意义

一 创新之处

本书的创新之处有三点：①不确定性语境与视角的提出；②默会知识影响风险投资阶段选择的机制研究；③默会知识影响风险投资阶段选择的实证检验。

（一）不确定性语境与视角的提出

已有研究中关于不确定性的定义、分类和来源有多达十几种说法，以至于虽然大家都认可不确定性在经济学和管理学领域中是一个极其重要的概念，但每当涉及该概念的研究时，要么是各说各话，要么是将其当作一个黑箱谈论。

本书认为以上问题的形成在于，当提及不确定性概念时，我们没有明确研究语境与研究视角问题。

尽管在文献综述中所提及的不确定性概念和分类，均是学者们在研究经济学或者管理学问题的情景下提出的，但是他们在阐述不确定性概念及分类时所默认的语境大致可分为两类：一类属于不以主体为必要条件阐述不确定性的语境，姑且称之为自然语境；另一类属于以主体为必要条件阐述不确定性的语境，暂且称之为决策语境。如果是自然语境下的不确定性，人并非是划分不确定性类型的必备条件，那么不确定性就可分类为：没有人参与的不确定性、人与自然互动产生的不确定性、人与人互动产生的不确定性。而决策语境中不确定性研究必然不能脱离主体的参与，否则对于决策没有意义。因此，决策语境下的不确定性分类标准，以及每一种类型均是与主体有关的。

对于不确定性，学者们是从他们认同的产生不确定性来源的角度来定义的，即存在定义不确定性的不同视角。决策语境下的不确定性，其视角的主体是决策主体，因此自然可将不确定性看作来源于主体外部（外部视角）、主体内部（内部视角），以及主体外部和内部（全面视角）。

由于本书关心的是阶段选择中的不确定性问题，本质上是与决策相关的，完全没有人参与的不确定性类型对于决策毫无帮助，也没有了解和掌握的意义，因此，笔者只能在决策语境下进一步筛选适合本书的不确定性的唯一分类标准。

由于本书认同主体异质性假设，因此笔者选择的视角是全面视角，即主体面临的不确定性程度由主体内、外部条件共同决定。

研究语境与视角的提出，明确了已有研究中有关不确定性问题争论的原因所在，同时也将本书的不确定性概念进行了清晰界定，使得后续研究得以进入一条"确定性"的道路。

（二）默会知识影响阶段选择的机制研究

机制研究的创新之处体现在默会知识度量体系的拓展研究和默会知识影响路径的细化分析。

默会知识度量问题一直是学术研究的难点。目前，学者们主要集中在运用多种专业经历实施对默会知识的度量。度量默会知识困难的原因在于，默会知识定义本身还处于较为含糊的状态，它的内部结构不清晰。奈特对不确定性的定义为"基于估计的估计"。波兰尼将默会知识称之为"难以名言"的知识。二者之间的联系可谓呼之欲出，但是目前尚没有学者对二者之间的联系予以系统梳理。本书通过将默会知识动态化，即将默会知识与不确定性相连接，通过默会知识识别不确定性的路径分析，将默会知识（尤其是心智模型部分）的内部结构逐渐清晰化，从而厘清度量默会知识的指标体系。

现有研究中，学者们往往只从单一路径考虑默会知识对投资决策的影响。本书进行了进一步细分：一是直接路径，包括默会知识对风险投资机构首次投资决策的直接影响和默会知识对风险投资整体投资策略的影响；二是间接路径，默会知识通过首次投资对整体投资策略形成的间接影响；三是宏观路径。上述前两条路径都属于微观路径，而区域宏观因素，会通过影响微观主体的默会知识类型，进而影响微观决策行为，最终表现为宏观层面的风险投资现象差异。

（三）默会知识影响阶段选择的实证检验

目前少有基于默会知识视角的阶段选择行为研究，即便有涉及默会知识——例如人力资本的阶段选择研究，也存在诸多的潜在问题。本书通过理论分析和研究设计在如下方面进行了创新和探索。

首先，降低了此类研究的内生性风险。已有研究往往以一段时期内的决策团队成员特征检验同期内的投资策略。由于在这段待检验时期内，高管团队的成员和发生的投资案例可能存在一个互动过程，因此便导致内生性风险的存在。本书研究设计中，高管团队成员的选取只限于加入风险投资机构的时间早于投资案例发生时间的成员。逻辑上来说，只存在高管团队的默会知识影响投资决策的可能，反之则不成立。

其次，加入了"干中学"对整体投资策略的影响。风险投资整体投资决策，除了受决策团队进入机构之前形成的默会知识的影响，还会受到在投资过程中形成的默会知识的影响，即"干中学"形成的经验影响。因此，已有研究中仅用进入机构之前形成的经验（默会知识），来检验其对风险投资整个投资期间总体投资策略的影响，是不恰当的。本书通过加入首次投资的信息反馈以及投资次数变量，来反映"干中学"所形成的默会知识对整体投资策略的影响，以克服原有研究设计的不足。

最后，在宏观因素研究中加入了产业结构与区域文化因素变量。现有的有关阶段选择宏观影响因素的研究结论存在较多冲突。一个可能的原因是未将影响区域群体默会知识特征的因素纳入模型。本书将可能影响区域群体默会知识的变量：产业结构和文化因素，加入模型进行检验，结果显示它们的代理变量均呈现显著影响。这一探索有助于我们更全面地理解宏观因素影响决策的路径：不但影响主体的外在决策条件，而且影响主体的内在决策条件。

二 研究意义

（一）理论意义

1. 拓展了风险投资阶段选择行为的影响研究

风险投资在投资阶段上的选择行为会不会影响到风险投资的功能发挥，无论是在宏观层面还是微观层面，国内外学者对此研究都不够充分。尤其是国内学者在检验风险投资对我国企业是否发挥了作用时，很少考虑风险投资进入企业的时间问题（李曜、张子炜，2011；苟燕楠、董静，2013；李玉华、葛翔宇，2013）。本书拓展了此类研究。

2. 丰富了风险投资决策理论

尽管学者们一致认同风险投资在投资早期阶段项目时面临的是不确定性，尽管学术界一致认同不确定性与风险存在本质差别，但是由于不确定性决策理论本身的模糊性，使得在其指导下并不能清晰地提出待检验假设，因此很多学者依然将早期阶段项目投资视同面临风险的情况来提出假设。本书通过采用异质性假设来解释有限理性决策模型和完全理性决策模型的表面差异和本质相似性，来构建不确定性环境下决策的理论基础，丰富了风险投资决策理论研究。

3. 探索了默会知识影响阶段选择的机制

本书通过对默会知识定义和运作模式的梳理，明确了默会知识影响不确定性的四条路径：①经历影响对不确定性事件结果的认识；②细节项的寓居影响对概率分布的理性预期；③理解能力影响对不确定性的降解速度；④文化影响对不确定性大小的感知。据此，笔者初步探索了默会知识影响阶段选择的可能机制：其他条件相同情况下，当风险投资拥有更多特定的默会知识时，它才会通过选择早期阶段项目来实现投资回报最大化目标；而默会知识越是缺乏的风险投资机构，越是会选择后期阶段项目。

（二）实践意义

1. 宏观政策层面，为引导政策制定提供参考

本研究有助于设计更有效的政策措施，推动风险投资阶段前移，更加优化我国风险投资结构，助推科技创新，转变经济发展方式。

2. 中观行业层面，有助于改善风险投资行业投资效率

本书通过默会知识影响不确定性的机制研究，有助于风险投

资家正确识别不确定性的本质来源，根据外部环境和内部条件，有针对性地调整投资策略，提升风险投资决策的正确性。

3. 微观企业层面，帮助创业企业更好利用风险资本

通过对我国风险投资机构的决策机制和影响因素的研究，创业企业可以更及时、更准确地识别风险投资机构的投资偏好，选择向适当的风险投资机构提出融资申请，提高融资成功率。

第二章 国内外研究现状

本章的主要任务是对与研究主题相关的现有研究进行回顾，并对现有研究存在的问题进行分析，为进一步研究指明方向。

综述的研究内容包括：①以投资阶段作为风险投资类型划分的历史发展；②有关不确定性研究的综述；③不同阶段投资的决策方法研究；④默会知识及其对阶段选择的影响研究；⑤影响风险投资阶段选择的宏观因素；⑥阶段选择产生的影响研究。

第一节　以阶段选择划分风险投资的历史发展

《风险投资》期刊发行人 Stanley Pratt 最早按投资阶段对风险投资进行了划分，将其分为种子期、起步期、首轮融资、二轮融资、三轮融资和过桥融资六个阶段。在《风险资本来源指南》（Pratt，1987）中，风险投资机构选择投资种子期、起步期和进行首轮融资被称之为早期阶段项目风险投资。

随后，Ruhnka 和 Young（1987）在针对 73 名美国资深风险投资机构 CEO 或管理者的访谈中发现，风险投资机构存在共同的"风险投资模式"。他们将潜在投资企业划分为种子期、初创期、第二阶段、第三阶段和退出阶段，并且风险投资家们在早期阶段企业具有的特征、风险和应达到的发展目标上具有高度共识，认为投资早期阶段企业的风险投资家与投资后期阶段的风险投资家在功能特征上存在显著不同。

Robinson（1987）在研究风险投资行业发展战略时发现，风险投资公司通过四种维度进行异质化发展，其中以所投企业所处阶段差异为分化的维度之一。虽然当时整个风险投资行业的投资特点还保持着对被投企业所处的一、二、三阶段进行全面投资，但具体的风险投资公司在这三阶段上的投资重点已产生重大差异。

由于投资阶段选择逐渐成为划分风险投资公司的重要特征，并且风险投资最初被定义为向高风险企业、初创期进行投资的资本，因此，不少学者（Little Crispin and Brereton，1989；Bygrave and Timmons，1992；Gompers and Lerner，1999；Sahlman，1990；Wright and Robbie，1998；Gompers and Lerner，2001）将选择早期阶段企业进行投资的风险资本称之为"经典风险投资"（Classic Venture Capital），或者称之为狭义的风险投资（Avnimelech and Teubal，2006）。

Gompers（1995）在其研究中，根据 Venture Economics 公司的划分，首次将企业种子期（Seed）和初创期（Start-up）定义为早期阶段（Early Stage），并对美国 20 世纪 80 年代风险资本投资早期阶段项目的情况进行了描述。自此之后，"Early Stage Venture Capital" 在学术文章中逐渐代替了 "Classic Venture

Capital"的说法。

在后来的数据库发展过程中，一些代表性的数据库对阶段划分做出了微调：美国风险投资协会（NVCA）及汤姆逊公司的Venture eXpert database 数据库将投资阶段划分为种子期（Seed）、早期（Early）、扩展期（Expansion）和后期阶段（Later stage），其中种子期和早期被定义为早期阶段（Early Stage）；欧洲风险投资协会（EVCA）将投资阶段划分为种子期（Seed）、初创期（Start-up）、成长期（Growth）和并购阶段（Buyout），其中种子期和起步期被定义为早期阶段；以色列风险投资协会（IVC）将投资阶段划分为研发期（R&D）、种子期（Seed）、初始收益期（Initial Revenues）、收益增长期（Revenues Growth），其中研发期（R&D）和种子期（Seed）属于早期阶段。

国内数据统计中，由科技部、商务部、国家开发银行联合调查，中国科学技术发展战略研究院主编的《中国创业风险投资发展报告》将投资阶段划分为种子期、起步期（初创期）、成长期、成熟期和重置期，其中种子期和起步期被定义为早期阶段。清科研究中心旗下的清科数据库（Zdatabase）将投资阶段划分为初创期、扩张期和成熟期。中国风险投资研究院主编的《中国风险投资年鉴》将投资阶段划分为初创期、成长期、扩张期、成熟期、Pre-IPO、PIPE。万得（Wind）数据库将投资阶段划分为天使投资（Angel）、风险投资（VC）、私募股权投资（PE）。投中集团数据库（VCSource）将投资阶段划分为早期、发展期、扩张期、获利期。

由表2-1可以看出，虽然不同国家、不同时期、不同数据库关于投资阶段的划分略有差异，早期阶段所包含的子阶段名称略有不同，但实质上所指的被投企业所处发展阶段基本是一致的，即早期阶段是指从研发开始，至企业开始初步生产试销，但现金流仍然为负的阶段。

表 2-1   投资阶段划分总结

数据统计来源（部门）	阶段划分	归属早期阶段
《风险资本来源指南》	种子期、起步期、首轮融资、二轮融资、三轮融资、过桥融资	种子期、起步期、首轮融资
Ruhnka 和 Young（1987）	种子期、初创期、第二阶段、第三阶段和退出阶段	种子期、初创期
Gompers（1995）		种子期、初创期
NVCA 和 Venture eXpert database	种子期、早期、扩展期、后期阶段	种子期、早期
EVCA	种子期、初创期、成长期、并购阶段	种子期、初创期
IVC	研发期、种子期、初始收益期、收益增长期	研发期、种子期
《中国创业风险投资发展报告》	种子期、起步期（初创期）、成长期、成熟期和重置期	种子期、起步期
《中国风险投资年鉴》	初创期、成长期、扩张期、成熟期、Pre-IPO、PIPE	初创期
清科数据库	初创期、扩张期和成熟期	初创期
万得数据库	Angel、VC、PE	Angel、VC
投中集团数据库	早期、发展期、扩张期、获利期	早期

第二节   阶段选择所面临的不确定性

一   有关不确定性的研究综述

阶段选择本质上是应对不确定性的一种手段，因此，阶段选择的核心问题是在不同阶段投资中所要面临的不确定性。有关不确定性的研究众多，目前尚未形成定论。

（一）国外相关研究

奈特（2011）在其著作《风险、不确定性与利润》中，首次将不确定性（Uncertainty）与风险（Risk）相区分。奈特将概率分为三类：先验概率、统计概率和估计。他认为面临风险时，虽然事件的最终结果是不确定的，但是决策者了解决策事件可能出现的各种结果，以及每种结果出现的概率分布。其中，根据决策者获得风险事件结果出现的概率分布的方法，又可以分为两类：一类风险的概率基础是统计概率，即通过经验观察来获得事件结果出现的概率分布；另一类风险的概率基础是形式概率，或称先验概率，是一种符合逻辑的主观概率分布。

"第三种类型的概率或者说不确定性一直为经济理论所忽视，现在是恢复它应有地位的时候了。"（奈特，2011）"第三类则不依赖任何分类，而是对估计进行估计。"（奈特，2011）奈特将不确定性定义为基于估计的概率判断，而且还涉及了两次估计：第一次是个人基于信念对事件结果出现的概率判断，第二次是对自己信念正确性的概率判断。奈特将不确定性与风险相区分是因为，相对于风险而言，在面临不确定性时，决策者要么不知道事件有哪些可能的结果，要么不知道各种结果出现的概率分布。

凯恩斯（1921）在奈特的基础上发展了自己的概率论，以此为基石构建了自己在不确定性前提下的宏观经济理论体系。凯恩斯着重强调的是世界存在于不确定性当中，决策者的决策是非理性的，所以动物精神最终成为左右经济周期转变的关键。凯恩斯与奈特在不确定性问题上的认识有着惊人的相似性，但是两人在是否通过政府干预来应对不确定性问题上的态度截然相反。

哈耶克关于不确定性的观点与奈特和凯恩斯在本质上是相同的，但他主要是通过默会知识理论来刻画所谓的真实不确定性。

Langlois（1992）分别用参数不确定性和结构不确定性来对不确定性分类。参数不确定性和人们对信息的获取程度相关。结构不确定性与人们对每个决策未来结果的无知相关。

科斯（1990）在批评奈特有关企业存在的理论时也显露出自己对不确定性所属类型的看法。在科斯看来，企业家应对不确定性的能力不应是其获取利润的源泉，因为这种能力可以通过市场交易获得。然而，企业中所形成的经营决策和经营管理知识实际上很难通过市场交易获取。科斯的观点产生的原因就在于，他并没有从结构不确定性的角度考虑企业的本质，而是认为企业中的不确定性仅仅是源于参数获取问题。

Marschak（1949）根据主体对概率信息掌握的程度将其划分为完全信息（Complete Information）、不完全信息（Incomplete Information），以及无知（Ignorance）三种情况。其中主体处于不完全信息状态时，他认为与奈特界定的不确定性是一致的。

库普曼斯（1957）认为由于自然的随机性和消费者偏好特征所引发的不确定性，属于原发不确定性，而由于缺乏交流所导致的信息不对称则属于继发不确定性。

威廉姆森（2003）在库普曼斯的基础上提出了行为不确定性。它是由交流双方出于策略性的考虑而故意隐瞒、扭曲信息所致。这也就是说，行为不确定性的产生归源于机会主义行为。

《新帕尔格雷夫经济学大辞典》和现代信息经济学（Miller和Shamsie，1999）都是从决策主体角度将不确定性划分为外生不确定性（Exogenous Uncertainty）和内生不确定性（Endogenous Uncertainty）。

Milliken（1987）把经济学中的不确定性分为三类：状态的不确定性（State Uncertainty）、影响的不确定性（Effect Uncertainty 或 Perceived Environmental Uncertainty）和反应的不确定性（Response Uncertainty）。

Fahey 和 Narayanan（1986）将不确定划分为：宏观环境的不确定、竞争的不确定、市场的不确定和技术的不确定。

Lipshitz 和 Strauss（1997）认为不确定性可以分为结果、状态和备选方案的不确定性。

诺斯研究制度的根本目的就是为人类面临不确定性事件决策时提供方法。"毫无疑问，在人类相互关系中，对他人行为的信息不完备性自然引起了不确定性。大脑加工、组织和利用信息的能力决定了个体计算能力的局限性。"（诺斯，1990）显然，诺斯对不确定性的归类与威廉姆森所提及的第三种类型很相似。同时，他还强调了不确定性的内生性特征。

（二）国内相关研究

林斌（2000）、孙凤（2002）、唐绍祥（2004）和汪浩瀚（2004）认为经济学中的不确定性可分为内生不确定性和外生不确定性两类，经济行为人的决策是造成内生不确定性的原因，对于外生不确定性的原因则归结为整个经济系统内发生的。外生不确定性只能预判不能减少。

丁祖豪、陈广国（2004）和徐飞（2008）观点较为一致，把不确定性分为主观不确定性和客观不确定性。

张应华等（2007）根据前人的研究把不确定性划分为参数的不确定性、模型的不确定性以及情景不确定性。参数的不确定性主要是由测量误差、取样误差和系统误差造成的；而模型的不确定性则是由模型结构的错误说明、误用和使用不当的替代变量引起的；情境不确定性则包括描述误差、集合误差、专业判断误差和不完全分析。

鲁鹏（2006）从主体方面讨论了不确定性，通过认识论视域解释了不确定性的来源。他认为就认识主体而言，不确定性主要来源于人的认识的有限性和理解的差异性。

袁亚辉等（2009）认为不确定性可以分为三类：认知不确定性、随机不确定性和误差。其中，误差又称为数值不确定性。

严成樑、龚六堂（2011）把不确定性分为局部不确定性和全局不确定性。

王万茂、王群（2011）认为不确定性可以区分为可度量的不确定性和不可度量的不确定性。而可度量的不确定性又被称为风险，可度量的不确定性和不可度量的不确定性的区别在于一组事实的结果分布是不是已知的。

汤吉军（2014）与奈特的观点相一致，把不确定性分为风险和真正不确定性。

李鹏飞等（2014）在前人研究的基础上，从哲学和类型两个维度将不确定性分为状态不确定性、作用不确定性和回应不确定性。

关于不确定性研究的总结如表 2-2 所示。

表 2 - 2 不确定性研究总结

学者	分类标准	不确定性类型		
国外研究				
奈特	概率类型	先验概率风险	统计概率风险	真正不确定性
凯恩斯	概率类型			真正不确定性
哈耶克				真正不确定性
Langlois	产生无知的原因	参数不确定性	结构不确定性	
科斯	产生无知的原因	参数不确定性		
Marschak	概率类型	无知	不完全信息	完全信息
库普曼斯	原生性	原发不确定性	继发不确定性	
威廉姆森	原生性			行为不确定性
大辞典	决策主体	外生不确定性	内生不确定性	
Milliken	不确定性发生环节	状态不确定性	影响不确定性	反应不确定性
Fahey 和 Narayanan	不确定性来源	宏观环境不确定性	竞争不确定性	市场不确定性和技术不确定性
Lipshitz 和 Strauss	不确定性发生环节	结果不确定性	状态不确定性	备选方案不确定性
现代信息经济学	决策主体	外生不确定性	内生不确定性	
诺斯			内生不确定性	
国内研究				
林斌	决策主体	外生不确定性	内生不确定性	
孙凤	决策主体	外生不确定性	内生不确定性	
唐绍祥	决策主体	外生不确定性	内生不确定性	
丁祖豪、陈广国	决策主体	主观不确定性	客观不确定性	
汪浩瀚	决策主体	外生不确定性	内生不确定性	
张应华	产生无知的原因	参数不确定性	模型不确定性	情景不确定性
鲁鹏			内生不确定性	
徐飞	决策主体	客观不确定性	主观不确定性	
袁亚辉等	产生无知的原因	认知不确定性	随机不确定性	数值不确定性
严成樑、龚六堂	可控程度	局部不确定性	全局不确定性	
王万茂、王群	概率类型	风险	不确定性	
汤吉军				真正不确定性
李鹏飞	不确定性发生环节	状态不确定性	作用不确定性	反应不确定性

二 不同阶段投资中所面临的不确定性类型

Brophy 和 Haessler（1994）认为，相对于成熟企业而言，早期阶段的创业企业含有更高的整体风险和不稳定回报。由于产品研发周期长，并且伴随着技术市场化转换中的严重困难（Wright et al.，2006），Bygrave（1988），Mason 和 Harrison（1995），以及 Balboa 和 Marti（2004）发现新兴的科技型企业中这种不确定性尤其严重。

Gompers 和 Lerner（2001）认为，早期阶段企业对无形资产和研发存在高度依存，使得风险投资家对项目的质量，以及创业企业家实现股东利益的能力和意愿所知有限。也就是说，在部分创业企业中，风险投资家暴露在创业企业家高度的"隐藏信息"和"隐藏行动"之下（Akerlof，1970；Holmstrom，1978）。所以，他们认为风险投资家与创业企业家之间的信息不对称，是导致风险投资在选择早期阶段项目时需要承担更大不确定性的部分成因（Chan，1983；Amit et al.，1990；Chan et al.，1990；Sahlman，1990；Amit et al.，1998）。

Barney 等（1994）、Fiet（1995）、Murray 和 Marriott（1998），以及 Gompers 和 Lerner（2001）将风险投资选择早期阶段项目所面临的特有不确定性进一步划分成市场风险和代理风险。由于创业企业内在的市场风险较高，因此早期阶段项目投资者最担心的事情是创业企业不能获得足够大的市场份额，抑或不能加强生产过程（Ruhnka and Young，1987；1991；Muzyka et al.，1996）。代理风险可能会引发机会主义、逃避责任、目标冲突或者不能胜任等问题（Parhankangas and Landstrom，2004）。例如，Gompers 和 Lerner（2001）发现创业企业家会投资研发带来个人高回报，但是股东只能获得低收益的项目。而 Ruhnka 和 Young（1987；1991）、Murray 和 Marriott（1998），以及 Gompers 和 Lerner（2001）发现代理风险会引发产品开发延迟，以及创业者无法达到投资者预期的开发目标的问题。

Amit 等（1990）则认为毫无商业经历和经验的创业企业家及其团队，能否管理好新兴企业存在重大不确定性。

结合上述研究，以及本书对不确定性的分类总结可以看出，处于不同发展阶段的企业所蕴含的不确定性类型是不同的，风险投资的阶段选择行为必然使其在投资中面临不同的不确定性类型和大小：从概率类型来看，早期阶段项目主要蕴含了真正的不确定性，而后期（其他）阶段项目主要是风险；从导致无知的原因来看，早期阶段项目主要是结构性不确定性，即对事件可能结果类型的不得知所致，而后期（其他）阶段项目主要是参数不确定性，即由信息获取或传递问题导致的概率分布估算不准确引发的不确定性；从原生性角度来看，早期阶段项目中不确定性既有原发性的，也有继发性和行为不确定性，而后期（其他）阶段项目中因大量相似事件的反复出现，在重复博弈过程中，继发性和行为不确定性可以被大幅度降低和控制；从决策主体理性角度来看，后期（其他）阶段项目的重复性会提高主体的理性程度，所以内生不确定性会大大降低，而早期阶段项目则不同，外生和内生不确定性均很高；从不确定性发生的环节来看，早期阶段项目在状态、影响和回应三个环节都有发生不确定性的可能，而后期（其他）阶段项目的重复性会降低影响和回应环节的不确定性；从不确定性来源角度来看，早期阶段项目来自市场和技术方面的不确定性要远高于后期（其他）阶段项目。不同阶段投资中的不确定性类型见表 2 – 3。

表 2 – 3 　不同阶段投资中的不确定性类型

分类标准	所属不确定性类型	
	早期阶段项目	后期(其他)阶段项目
概率类型	真正不确定性	风险
产生无知的原因	结构不确定性	参数不确定性
原生性	原发、继发、行为不确定性	原发不确定性
决策主体	外生不确定性、内生不确定性	外生不确定性
不确定性发生环节	状态、影响、反应不确定性	状态不确定性
不确定性来源	宏观、竞争、市场、技术不确定性	宏观、竞争不确定性

　　由于研究目的的差异，学者们对不确定性的研究存在多重角度，故而导致不确定性分类标准的多样化。分类标准实际上表明了不确定性的本质特征和产生来源，是笔者得以定义不确定性含义的依据，以及找出不确定性影响因素的线索。当笔者在"风险投资阶段选择"这种具体情境下研究不确定性，则研究目的必然是聚焦的，分类标准必然是唯一的，进而不确定性的定义和来源应是明确的。现有研究在风险投资决策背景下，对不确定性应采用的分类标准并没有进行深入探讨，这导致具体情境下的不确定性含义和产生来源都处于模糊状态。因此，在不确定性影响决策行为的机制方面必然就难以深入分析。

第三节　不同阶段投资的决策方法研究

　　风险投资与一般投资（或者说传统投资）的不同就在于投资阶段前移。投资阶段的变化必然引起投资项目中所包含的不确定性类型和大小的变化，进而引起应对不确定性的决策模型选用上的变化。

一　选择后期阶段项目时的决策方法

在风险投资中，阶段选择越是靠后，则投资项目中所包含的不确定性越是接近风险特征，在决策方法选用上越是接近一般投资中所选用的决策方法。

（一）期望效用理论

Von Neumann 和 Morgenstern（1945）在其巨著《博弈和经济行为理论》中提出期望效用理论，其决策模式为决策者将选择使其个人期望效用最大化的行为。期望效用理论与数学期望最大化的不同之处在于，期望效用理论用效用值代替数学期望最大化中选择结果对应的货币价值。同时，效用函数中包含了个人面对风险的态度特征。这两项变化使得期望效用理论能够在一定程度内消解"圣彼得堡悖论"现象。随后，拉姆齐、萨维齐、安斯康伯和奥曼对期望效用理论中使用的客观概率进行了改进，他们认为决策中有关世界状态的概率分布应取决于决策者的主观信念，允许不同的决策者对相同的世界状态有不同的看法（主观概率）。Grabsavage（1954）在主观概率测度方面做出了突破，他们通过显性的偏好关系来测度主体的主观概率，从而构建了主观期望效用理论。

（二）前景理论

对期望效用理论的质疑主要来自"阿莱斯悖论"和"埃尔伯格悖论"。为了解决期望效用理论所面临的悖论，1979 年，Kahneman 和 Tversky 以期望效应理论为基础，通过放松假设和修改条件构建出前景理论。与期望效用理论相比较，前景理论用心理效用函数代替期望效用理论中的效用值。心理效用函数的根本特性为在获益区其函数曲线为凹形，在损失区其函数曲线为凸形（敏感性递减原理）。另外，损失区曲线的斜率比获益区曲线的斜率更大（损失厌恶原则）。该特征说明决策者的参考点（决策时的状态）非常重要，同一事件产生的收益或损失，对于甲来说可能距离参照点很近（产生的效用值变化很大），对于乙来说则可能距离参照点很远（产生的效用值变化很小）。同一事件可能处于甲的收益区，也可能处于乙的损失区；可能在当前甲的收益区，也可能在甲未来状态下的损失区。所以，产生的效用依据参照点的不同而不同。与期望效用理论另一不同之处在于，前景理论用权重函数代替期望效用理论中的客观概率。权重函数是由主观概率这一概念发展而来，其根本特性为高估小概率事件而低估中概率事件和高概率事件。为了解决前景理论与随机优势原则存在的矛盾，1992 年，Tversky 与 Kahneman 提出了积累前景理论。相较于前景理论认为损失与获益时决策权重函数是一致的，累积性前景理论则认为决策者对风险的态度是会变化的：在高概率获益时人们表现为风险厌恶，在高概率损失时人们表现为风险寻求；在低概率获益时人们表现为风险寻求，在低概率损失时人们表现为风险厌恶。

尽管前景理论是对期望效用理论的改进，但本质上还是继承了期望效用理论对决策者完全理性的假设，假定人是粗糙的感知者和完美的决策者（李纾，2001），因此，其始终没有放弃期望法则作为决策依据的核心思想。然而，西蒙（1956）认为"人是粗糙的决策者"的有限理性思想，不得不让我们怀疑现实中决策者的行为并非以期望法则为依据。

（三）启发式—偏差理论

Tversky 和 Kahneman（1973）提出，人们在面临不确定性时往往采取启发式判断，主要包括"代表性""可用性"和"锚定调整"三种启发式方案。虽然这三种方案在对不确定性的主观概率判断上很有效，但是由于个体思维模式上的问题，启发式判断也常常会带来预测偏差。值得注意的是，首先，启发式—偏差理论并不是否定期望法则，它依然相信人们是依据该法则进行决策的。该理论的提出只是为了解释现实决策行为为何会与期望法则下的理论预期产生冲突，它是期望法则的"补丁"。所以，Tversky 和 Kahneman（1973）在文中提及，"本文的最大贡献是在理性决策一般理论框架中，给适用于独特事件的概率提供一种*严格的主观解释*"。其次，启发式—偏差理论并不是针对期望法则两大构成要素——概率分布和效用，同时进行讨论，它只是讨论其中的主观概率分布是如何形成的。对于本质上相同，但形式上不同的事件，同一决策者在不同时期或者不同决策者在同一时期，会产生不同主观概率的预测，即所谓偏差。其是该理论解释所观察到的决策行为违背"一致性"公理，即悖论产生的解释。

二　选择早期阶段项目时的决策方法

由于早期阶段项目包含的是真正的不确定性，风险投资家更多时候只是具备有限理性，因此，面对早期阶段项目的不确定性，在决策方法的选择上，风险投资家一般根据过去的行业从业经验，或者过去的创业经验，采取多维心智模型进行早期阶段项目投资决策（Zacharakis and Shepherd，2001）。

Payne 等（1988）则认为风险投资家还可能运用基于属性特征的替代选择对比法。

Baron（1998）鼓励风险投资家在新的投资环境中采用启发式决策方法，他认为启发式策略比理性模型能带来更好的结果。

Zacharakis 和 Meyer（2000）声称风险投资家也倾向于使用满足式、启发式方法。

Moesel 和 Fiet（2001）认为风险投资家有可能运用非补偿策略。

上述研究表明，在选择早期阶段项目进行投资时，学者们认为风险投资家主要采取启发式决策方法。该方法最早由西蒙（1956）提出，称之为满意决策理论。随后，Gigerenzer（1991）及其所带领的"适应行为与认知研究组"（简称为 ABC Group），在"有限理性"（bounded rationality）和"生态理性"（ecological rationality）两个基本命题或假设基础之上，提出了"快速节俭启发式"决策规则。该种决策规则包括基于无知的决策规则、单一理由决策规则、排除规则和满意规则，分别用于解释面临不同决策环境时决策者的行为逻辑。Gigerenzer 强调建立"适应性工具箱"的思想，即面对不同类型的不确定性，决策者应选择不同的启发式工具。

该理论与"启发式—偏差"理论有两点不同。一是它并不认为"启发式—偏差"理论中的偏差是一种需要改进的错误。相反，该理论认为这种偏差正是决策者在"有限理性"前提下所表现出的一种"生态理性"——决策行为能够与现实环境（包括自然和社会环境）的要求相匹配。二是该理论并不着重研究决策者的主观概率问题，它强调的是面对不同风险时，决策者选用的决策工具和选用顺序。不确定性决策理论的总结如表 2 - 4 所示。

表 2 - 4　不确定性决策理论总结

不确定性类型	决策理论	学者	所属决策模型
风险	期望效用理论	Von Neumann 和 Morgenstern(1945)	期望法则模型
	主观期望效用理论	Savage(1954)	
	前景理论	Tversky 和 Kahneman(1979)	
	积累前景理论	Tversky 和 Kahneman(1992)	
不确定性	启发式—偏差理论	Tversky 和 Kahneman(1973)	满意法则模型
	满意决策理论	西蒙(1956)	
	快速节俭启发式决策规则	Gigerenzer(1991)	

第四节　默会知识及其对阶段选择的影响研究

一　默会知识的含义及其分类

到目前为止，默会知识的概念还不是特别清晰，学者们分别从不同角度对其进行定义。

（一）从存在性角度进行定义

在研究的过程中，默会知识概念的独立性和合法性也曾受到过部分学者的质疑（Gourlay，2006；Pozzali，2008），但是绝大部分学者是认可默会知识概念的。默会知识（tacit knowledge）最早由波兰尼（1958）在其代表作《个体知识》中提出，意指"那种我们知道但难以言传的知识"（"we can know more than we can tell"）。Nonaka（1998）将其定义为难以形式化、难以沟通和高度个人化的知识。它是寓居（indwell）在人类身心的全面认知（Cianciolo et al，2006；Nonaka，1994），内嵌于组织文化、组织行为和集体理解中（Borges，2013）。

（二）从与明确知识（explicit knowledge）比较的角度定义

默会知识与明确知识的区别在于口头表达、图形描绘和文字叙述方面（Nonaka and Von Krogh，2009）。在学习机制中，明确知识相当于建筑基石，而默会知识相当于胶水和黏合剂（Dhanaraj et al.，2004）。它是大于单个组件（意指明确知识）的溢出部分，是对各部分知识的整合机制（波兰尼，1969），有助于对明确知识的深度理解（Dhanaraj et al.，2004）。

（三）从默会知识的获取和转移角度定义

Clarke（2010）认为默会知识是经由时间发展，在一定环境中通过经历和理解而获得的；Dhanaraj 等（2004）认为默会知识需要通过观测和互动获取；Grant（1996）认为默会知识在组织中生成，归个人所有；Pham（2008）认为默会知识只有在交换核心人物和全系统支持下才能实现转移。组织和制度上的邻近则会带来在微观和宏观层次上的文化相似性，更有助于默会知识的转移（Maskell and Malmberg，1999；王增鹏、洪伟，2014）。

（四）默会知识的分类

Nonaka（1994）和 Nonaka 等（2000）认为默会知识包括技能（technica）和认知（cognitive）两要素。技能要素是关于个人技能或处理特定问题的能力。认知要素主要指的是心智模型，其是由范式（paradigms）、信仰（belief）和价值观（perspectives of value）共同组成和构建的。

Insch 等（2008）认为还存在默会知识的社会维度，其是指与管理个人和他人行为，以及关注区域与世界问题有关的技能和能力。

Collins（2001）将默会知识划分为隐藏知识（concealed knowledge）、错配知识（mismatched salience）、示例知识（ostensive knowledge）、未被注意到的知识（unrecognized knowledge）、无法认知的知识（uncognized /uncognizable knowledge）。后来，Collins（2010）又根据默会知识的强度将其划分为强的默会知识和弱的默会知识。

格里门（1958）根据默会知识的强度将其划分为"有意识的欠表达"（the thesis of conscious under-articulation）、"格式塔式的默会知识"（the Gestalt thesis of tacit knowledge）和"强的默会知识"。

窦军生等（2009）将默会知识划分为诀窍知识和心智模型。

Zaim等（2015）将默会知识划分为个人知识、管理知识、专业知识和集体知识。

Park等（2015）将默会知识划分为管理技能、新的市场营销专业知识、有关外国文化和惯例的知识。

郁振华（2012）在分析波兰尼的默会知识时，将其划分为强的默会知识和弱的默会知识。强的默会知识包括能力之知（knowing how）（分为技能、鉴别力、理解力、判断力、范例）和亲知（knowledge by acquaintance）。默会知识的分类见表2-5。

表2-5　默会知识分类

学者	维度	具体内容	
Nonaka(1994)和Nonaka 等(2000)	能力类型	直接能力	技能
		背景能力	认知
Insch等(2008)	产生来源	来源集体	社会维度
Collins(2001)	默会程度	弱的默会知识	关系默会知识
		强的默会知识	身体默会知识、集体默会知识

续表

学者	维度		具体内容
格里门（1958）	默会程度	弱的默会知识	有意识的欠表达、格式塔式的默会知识
		强的默会知识	强的默会知识
窦军生等（2009）	能力类型	直接能力	诀窍知识
		背景能力	心智模型
Zaim 等（2015）	产生来源	来源个人	个人知识、专业知识、管理知识
		来源集体	集体知识
Park（2015）	产生来源	来源个人	管理技能、新的市场营销专业知识、有关外国文化和惯例的知识
郁振华（2012）	默会程度	弱的默会知识	弱的默会知识
		强的默会知识	能力之知、亲知

结合默会知识的定义和分类可以看出，学者们在解构默会知识时一般涉及三个维度：一是默会程度，即是弱的默会知识还是强的默会知识；二是产生来源，即默会知识是来源于个人经验、互动还是来源于集体氛围的学习；三是能力类型，即默会知识属于直接能力（如技能），还是背景能力（如心智模型）。

这三个维度之间又有密切的联系。所谓来源集体的默会知识本质上是一种共享文化，它是形成个人信仰和心智模型的重要来源。因此，集体默会知识往往与个人背景能力密切相关。所以，我们才会观测到，默会知识的有效转移依赖于"全系统的支持"和"相邻区域文化的相似性"。这里的默会知识多指个人的背景能力，接收方必须要在相似的共享文化下才能真正体会到。而从默会程度维度来看，来源于集体的默会知识既有可能属于强的默会知识，也有可能属于弱的默会知识，原因在于来源于集体的默会知识或者共享文化是一种集体亲知行为。个人亲知属于典型的强的默会知识范畴。我尝到了一款美食，这是亲知行为，但实际上我是无法用语言尽数向你描述美食的味道的，因此这是强的默会知识。当我们共同品尝了同一款美食，这是集体亲知，我们可能依然无法表达，但我们都已清楚了未表达的含义。从转移的难易程度上来讲，集体亲知跨越了语言、图表、文字的障碍，实施了传递，所以也可以看作弱的默会知识。

二 涉及默会知识影响阶段选择的研究

在之前的研究中，尽管有些文献的内容涉及用默会知识的部分成分（例如经验）来检验其对阶段选择行为的影响，但尚没有文献明确提出过从默会知识的角度来研究风险投资阶段选择问题，故对该部分文献的总结采用了"涉及"一词。

Bygrave 和 Timmons（1992）以及 Elango 等（1995）提出，随着风险投资基金规模越来越大，风险投资机构对早期阶段项目投资的兴趣会消退。早期阶段项目由于投资规模通常比较小，具有高度不确定性，会分散本来就稀缺的投资经理的才能，因此其对于成长中的基金来说是不经济的（Gifford，1997）。

Bottazzi（2008）发现，大的、历史悠久的，和拥有经验丰富合作伙伴的风险投资公司更喜欢后期阶段项目，而有更多业务经验或科学教育背景合伙人的公司更关注早期阶段项目投资。

Dimov 和 Murray（2008）发现，一方面，基金成立年限，以及基金前期的投资经验与种子期投资活动呈正相关，支持专业知识对种子期投资的正面影响；另一方面，在欧洲基金案例中他们又发现了相反的情况。

Dimov 等（2007）通过收集美国 108 家风险投资公司的 731 名高管成员的背景数据，发现机构的高管团队中有金融经历的成员占比越高，风险投资机构选择早期阶段项目的比例越低。

Patzelt 等（2009）通过观察 138 家欧洲风险投资公司高管团队成员的背景数据发现，高管团队具有科学类教育背景、创业经历和跨国经历时，更倾向于选择早期阶段项目。

李严等（2012）根据中国 143 家风险投资公司高管团队的背景数据发现，具有创业经历、海外经历、金融或咨询行业从业经历的成员比例较高的机构，更倾向于投资早期阶段的创业企业。涉及默会知识影响阶段选择的研究总结见表 2 - 6。

表 2 - 6　涉及默会知识影响阶段选择的研究总结

学者	微观因素	结论
Bygrave 和 Timmons（1992）；Elango 等（1995）；Gifford（1997）	投资经理的才能	基金规模增加导致投资经理才能被稀释，致使机构更加偏好选择后期阶段项目
Bottazzi（2008）	经验、科学教育背景	历史悠久的机构偏好后期阶段项目；具有业务经验和科学教育背景的合伙人选择早期阶段项目
Dimov 和 Murray（2008）	前期投资经验	前期投资经验对阶段选择有影响，但存在矛盾现象
Dimov 等（2007）	前期金融经历	高管团队前期金融经历越多，则越偏好后期阶段项目
Patzelt 等（2009）	科学教育背景、创业经历和跨国经历	高管团队具有科学教育背景、创业经历和跨国经历时，更倾向于选择早期阶段项目
李严等（2012）	创业经历、海外经历、金融或咨询行业从业经历	高管团队中具有创业经历、海外经历、金融或咨询行业从业经历的成员比例较高的机构，更倾向于投资早期阶段的创业企业

上述研究表明，第一，学者们是从决策者的知识和能力差异角度来研究决策行为——即阶段选择行为的差异的。第二，对于决策者（决策团队）的知识和能力差异是逐步由模糊向清晰的方向刻画的。例如最初的"投资经理才能"逐步被刻画成教育背景和从业经历，教育背景中又区分出科学教育背景和经济管理教育背景，从业经历中又区分出金融经历、创业经历、跨国经历、咨询行业经历。如果将上述因素用默会知识概念表达，则可看作为默会知识概念外延的逐渐清晰化。第三，研究过程中不断出现的结论冲突，例如，Dimov 和 Murray（2008）的研究结论，Dimov 等（2007）和李严等（2012）有关金融经历的研究结论，可以理解为有关默会知识外延尚未完善所导致的现象。既然大家研究对象是一致的，那么一旦在关键因素的外延上达成一致，则研究结论理应趋于相同。结论冲突则说明在有关关键因素的外延上学者们还没有形成共识。

同时，现有研究还存在一些较为严重的问题。首先，现有研究最大的问题还在于对风险和不确定性问题的混淆处理。当面对后期阶段项目时，决策团队面临的是风险，可以认为决策者采用效用法则决策模型，自然可以预计决策结果是极值形式。因此，研究者提出的如下待检验假设："决策团队成员 XX 学历或者 XX 经历占比越大，机构选择后期阶段项目越多（少）"，从理论上是说得通的。但是，当面对早期阶段项目时，决策团队面临的是不确定性，决策者使用的是启发式模型（Zacharakis and Shepherd，2001；Zacharakis and Meyer，2000），此时决策的结果是满意解。也就是说，理论上研究者根本无法提出类似于上述的待检验假设。而现有研究的处理方式是，要么明确地假设不同阶段项目中都只是蕴含风险而不是不确定性（Wright et al.，2002；Patzelt et al.，2009），要么不加讨论，但依然按风险处理（Dimov et al.，2007；李严等，2012）。也就是说，目前研究中，面对不确定性，研究者依然参照面对风险时的处理，提出极值型待检验假设，实际上是缺乏理论基础的。

其次，在研究设计方面，之前的研究（Dimov et al.，2007；Patzelt et al.，2009；李严等，2012）均是以某一段时期内的风险投资高管团队人力资本，来解释同一时期内的风险投资总体投资策略，由于在这段待检验时期内，高管团队的成员和发生的投资案例可能存在一个互动过程，于是便导致内生性风险的存在。例如，原先的高管团队人力资本适合投资早期阶段项目，于是选择了早期阶段项目投资。这批投资项目的成功退出（例如 IPO）或者失败，又会激励风险投资在后期招募时有意识地选择具有特定人力资本的高管人员。

再次，风险投资后面的投资决策，除了受决策团队进入机构之前形成的默会知识的影响，还会受到在投资过程中形成的默会知识影响，即"干中学"形成的经验影响。因此，用进入机构之前形成的经验（默会知识）来检验其对风险投资整个投资期间总体投资策略的影响，是不恰当的。

最后，之前的研究中使用二值变量来界定风险投资机构的投资策略：当待检验期中风险投资机构投资早期阶段项目的案例数超过一定比例时，则界定该风险投资属于早期阶段投资策略。因此，对于风险投资机构投资策略的界定便受到待检验期选择的影响，导致检验结论可靠性受到影响。

三 涉及默会知识影响其他投资策略的研究

也有文献研究了涉及默会知识的因素对其他投资策略的影响。由于投资策略之间具有联动关系，例如，阶段选择与联合投资（左志刚，2012），投资范围与阶段选择（黄福广等，2014），所以这些文献也间接反映出默会知识对阶段选择的影响。

Lockett 和 Wright（2002）、Casamatta 和 Haritchabalet（2007）认为知识资源的互补性是促成辛迪加投资策略的因素。Dimov 和 Milanov（2010）、Christian 和 Rieder（2010），以及 Kaiser 和 Lauterbach（2007）的研究支持了这一观点。成员间的经验差异越大，越有可能采用辛迪加投资方式。但是，投资者间相关经验越多，辛迪加形成概率越低（左志刚，2012）。

"本地偏好"（Local Bias），即风险资本更倾向于投资本地企业，是风险资本常用的投资策略（Cumming and Dai，2010；Chen et al.，2010；McNaughton and Green，2006；Lutz et al.，2013）。但是，De Prijcker 等（2012）、Tykvová 和 Schertler（2011）、Wuebker 和 Corbett（2011）、Meuleman 和 Wright（2011）、Guler 和 Guillen（2010）的研究均表明，国际投资经验越丰富，风险投资机构跨境投资的意愿越高。Tykvová 和 Schertler（2011）的研究表明，风险投资机构通过国内投资经验的积累，能够形成更有效的评估方法去应对跨国投资中的不确定性，因此，也对其跨境投资意愿发挥显著正向影响作用。Dow 和 Larimo（2009）有类似的结论，即距离对于经验丰富的投资机构来说不那么重要（李志萍等，2015）。Patzelt 等

（2009）研究表明，当决策团队成员具备创业经历时，会更倾向于跨国投资。

沈维涛、胡刘芬（2014）认为学习假设是风险投资机构采取分阶段投资策略的原因。

第五节　影响风险投资阶段选择的宏观因素

实际上，我们能观察到的风险投资阶段选择差异，更多的是表现在宏观层面上的差异，例如不同国家或者地区在阶段选择上的特征分歧。学术界有关宏观因素对风险投资阶段选择的影响研究开展得也比较早，但研究结果并没有形成一致结论。

一　资本市场

Black 和 Gilson（1998）分析认为，相对于以银行为主导融资体系的国家，以证券市场为主要融资体系的国家更有利于早期阶段项目风险投资的发展，因为 IPO 通过"信号传递"和形成"隐性合约"两种机制更有利于促进投资早期阶段项目的风险投资家和创业企业家的相互吸引。但是 Jeng 和 Wells（2000）的实证结果并不支持这一说法，其实证结果显示 IPO 并不影响早期阶段项目风险投资的发展。Armour 和 Cumming（2006）则发现证券市场发展程度与早期阶段项目风险投资负相关。Dimov 和 Murray（2008）用不同证券市场指数代表金融体系的影响，结果显示正向和负向影响都存在。Bonini 和 Alkan（2012）的检验结果是发达的资本市场对早期阶段项目风险投资发展有利。Schroder 等（2013）支持 Black 和 Gilson（1998）的观点，认为 IPO 有利于早期阶段风险投资发展，并且银行融资体系对风险投资市场有挤出效应。Cumming（2014）则认为资本市场发达程度与标准化处理后的早期阶段项目风险投资额（数量）正相关。

二　劳动力市场刚性

Black 和 Gilson（1998）、Jeng 和 Wells（2000）、Romain 和 Van Pottelsberghe（2004）均认为劳动力市场刚性将不利于早期阶段项目风险投资发展。Da Rin 等（2006）发现减少创业障碍（劳动力市场刚性）能增加早期阶段项目风险投资比率。Bonini 和 Alkan（2012）证明劳动力市场刚性与早期阶段项目风险投资密度显著负相关。全球创业监管报告也明确显示出劳动力市场刚性与一国早期阶段项目创业人数比例高增长预期之间呈负相关关系（Bosma and Levie，2010）。

三　经济增长

Blalock 和 Wilken（1979）认为经济增长为投资提供了更多的资本积累，增加了创业融资的可能性，而且经济增长意味着本国市场潜在消费能力更高，更有利于创业成功，因此经济繁荣和发展提升了创业精神。Acs 和 Audretsch（1994）的研究也表明宏观经济会影响创业活动，而创业活动的激增会增加对风险投资尤其是早期阶段项目风险投资的需求，所以二者有着内在的联系。Jeng 和 Well（2000）借助 21 个发达国家数据的研究表明经济增长对早期阶段项目风险投资有正向作用，但不显著。Armour 和 Cumming（2006）借助 15 个西欧和北美国家数据进行研究，结果表明经济增长对早期阶段项目风险投资有显著正向影响。Bonini 和 Alkan（2012）以欧美和日本 16 个发达国家为样本的检验也表明经济增长对早期阶段风险投资有显著正向影响。但 Dimov 和 Murray（2008）的研究显示，在基础模型中，经济增长对早期阶段风险项目投资有显著正向影响，一旦加入公司特征，经济增长对早期阶段项目风险投资的影响显著为负。

四　税收体系

Gompers（1998）、Armour 和 Cumming（2006）发现高额资本利得税显著降低对早期阶段项目的风险投资活动。Da Rin 等（2006）则认为公司资本利得税不但降低早期阶段项目风险投资的绝对值，也会降低早期阶段项目投资在整个风险投资中的比例。而个人资本利得税和个人所得税率的差额变化对早期阶段项目风险投资没有显著影响。Keuschnigg 和 Nielsen（2003）证明税率水平通过影响预期的现金流而影响创业吸引力，进而影响风险投资的供给与需求。Bonini 和 Alkan（2012）证明企业所得税率与早期阶段项目风险投资显著负相关。杨大楷、李丹丹（2012）则认为中国的税收优惠对早期阶段风险投资发展影响不显著。

五　政府直接干预

Leleux 和 Surlemont（2003）研究表明政府干预可通过三种途径影响早期阶段风险投资发展：直接成立风险投资基金参与；

制定制度鼓励风险投资家参与；提供激励刺激风险投资者参与。Cohen 和 Noll（2002）、Wallsten（2000）认为政府基金可能会根据投资的成功概率而不是被投企业对资金的需求来选择投资项目，有可能产生资金错配现象。Lerner（2002）、Da Rin 等（2006）、Lerner（2009）认为政府基金因缺乏管理经验和专业知识，无法在早期阶段投资中实行有效的筛选和尽职调查，而且会对私人风险投资产生挤出效应。Lerner（2000）、Dahlstrom 等（2009）研究发现，美国实施的 SBIC 计划虽扩大了风险投资的投融资规模，但同时也产生了所谓的"制度占据"（Institutional Capture）问题。左志刚（2011）认为政府的直接干预政策不会增加早期阶段项目投资规模。杨大楷、李丹丹（2012）发现我国政府引导基金对早期阶段风险投资有显著负效应。Del-Palacio 等（2010）认为政府直接干预有利于西班牙早期阶段风险投资发展。Amrour 和 Cumming（2006）发现澳大利亚创新基金对风险投资增加科技企业和企业初创期投资，加强监管和提供附加值方面作用显著，并且有助于繁荣澳大利亚的风险投资产业。Cumming（2014）证明政府基金与早期阶段项目风险投资比率正相关。

六 产权保护与法律起源

Fuller（2009）表示学习机制能够克服中国的弱产权保护制度，使得华裔海外风险投资机构投资于高科技企业初创期。Bonini 和 Alkan（2012）认为一国法律体系起源和政治风险影响早期阶段项目风险投资的发展。

宏观因素对于主体决策行为的影响大体可分为两种类型：一

种类型的宏观因素对所有主体的决策影响是相似的，例如现有研究中的劳动力市场刚性、税率和产权保护；另一种类型的影响因素对不同的决策主体会产生不同的影响，例如现有研究中的资本市场、经济增长、政府直接干预。现有研究存在的问题就在于进行研究时，忽视了导致或者代表决策主体差异性的宏观因素，从而表现出研究结论的不一致。而上述宏观因素的忽视，源于在微观层面上决策机制的研究不够完整和深入。而更深层次的原因在于对不确定性含义和来源的研究模糊，从而导致微观决策机制无法刻画清晰。宏观因素影响阶段选择研究的总结如表 2 - 7 所示。

表 2 - 7　宏观因素影响阶段选择研究的总结

宏观因素	学者	对选择早期阶段项目的影响
发达的资本市场	Black 和 Gilson(1998)	有利
	Jeng 和 Wells(2000)	无影响
	Armour 和 Cumming(2006)	不利
	Dimov 和 Murray(2008)	双重影响
	Bonini 和 Alkan(2012)	有利
	Schroder 等(2013)	有利
	Cumming(2014)	有利
劳动力市场刚性	Black 和 Gilson(1998)	不利
	Jeng 和 Wells(2000)	
	Romain 和 Van Pottelsberghe(2004)	
	Bosma 和 Levie(2010)	
	Bonini 和 Alkan(2012)	
经济增长	Blalock 和 Wilken(1979)	有利
	Acs 和 Audretsch(1994)	有利
	Jeng 和 Well(2000)	无影响
	Armour 和 Cumming(2006)	有利
	Bonini 和 Alkan(2012)	有利
	Dimov 和 Murray(2008)	不利

续表

宏观因素	学者	对选择早期阶段项目的影响
高税率	Gompers 等（1998）	不利
	Armour 和 Cumming（2006）	
	Da Rin 等（2006）	
	Keuschnigg 和 Nielsen（2003）	
	Bonini 和 Alkan（2012）	
政府直接干预	Lerner（2002）	不利
	Da Rin 等（2006）	不利
	Lerner（2009）	不利
	左志刚（2011）	无影响
	杨大楷、李丹丹（2012）	不利
	Del-Palacio 等（2010）	有利
	Amrour 和 Cumming（2006）	有利
	Cumming（2014）	有利
弱产权保护	Bonini 和 Alkan（2012）	不利
	Fuller（2009）	

第六节　风险投资阶段选择产生的影响

风险投资阶段选择行为对被投企业是否产生实质性的影响，是衡量该问题是否具有研究价值的重要标准。然而，学术界专门针对风险投资机构投资阶段选择所产生的影响的研究少之又少，只是零星出现在有关风险投资对宏观经济或微观企业影响研究的一些控制变量中。

以色列是为数不多的成功利用风险投资推动科技创新的国家，Avnimelech 和 Teubal（2006）认为风险投资选择早期阶段项目进行投资成为主流，这是以色列高科技产业集群式创业成功发展的关键。

欧洲在引入风险投资制度以后效果一直不太理想，英国是其中发展相对较好的国家，但是 Cowling 等（2008）发现英国实施的"投资信托计划"，因为主要针对后期阶段提供风险资本，所以在生产力、雇员规模和盈利能力方面收效甚微，甚至起了反作用。

李曜、张子炜（2011）认为核证效应能否发挥作用，是与风险投资进入企业的时间有关的，如果是在风险企业成熟期进入，则不能发挥作用。

李玉华、葛翔宇（2013）则认为：投资于企业成长期或创立早期的风险投资，IPO 后业绩更加出色，并且联合投资具有"筛选""核证""资源共享"和"增值服务"的优势。

苟燕楠、董静（2013）以中小板企业为样本，检验发现风险投资进入企业时间越早，越有利于企业的技术创新。

第七节　现有研究的不足

一　不确定性影响投资决策的机制研究不够完整

由于研究目的的差异，学者们对不确定性的研究存在多重角度，因而导致不确定性分类标准的多样化。分类标准实际上表明了不确定性的本质特征和产生来源，其是我们得以定义不确定性含义的依据，以及找出不确定性影响因素的线索。

对不确定性的研究其实是为决策服务的，因此，当在"风险投资阶段选择"这种具体情境下研究不确定性时，我们必然要从不确定性与决策主体相互联系的角度确定不确定性的含义，以及明晰不确定性的产生源头。然而由于现有研究对投资决策背景下不确定性的含义和来源缺乏清晰和深入的研究，因而导致大量潜在问题并未解决，例如，不确定性是如何产生的？不同决策者感知的不确定性是相同的吗？如果无法量化分析，不确定性到底多少算大？决策者如何感知不确定性？如果决策者使用启发式决策模型，而不是期望效用模型，实证检验中还能否提出合理的待检验假设？这些问题使得不确定性影响投资决策的机制实际上是模糊的。影响机制不清晰必然难以提出正确的实证研究检验假设，研究结论也就缺乏说服力。

二 默会知识影响阶段选择的研究设计尚需改进

本书之所以从默会知识角度研究阶段选择，原因在于知识，尤其是默会知识是决策者差异性的决定因素。决策者差异性会导致其感知不确定性的程度，因而是影响决策的关键。

首先，现有研究虽然涉及部分经验和教育背景对阶段选择的检验，但默会知识并不仅限于上述外延。因此，从默会知识的角度研究阶段选择，在影响因素上还有补充的余地。

其次，由于对不确定性影响决策机制的研究不够清晰，因此现有研究只能将风险和不确定性问题混淆处理。也就是说，目前研究中，面对不确定性，研究者依然参照面对风险时的处理，提出极值型待检验假设，这实际上是缺乏理论基础的。

再次，在研究设计方面，之前的研究均是以某一段时期内的风险投资高管团队人力资本，来解释同一时期内的风险投资总体投资策略，由于在这段待检验时期内，高管团队的成员和发生的投资案例可能存在一个互动过程，因此便导致内生性风险的存在。

另外，风险投资的整体投资决策，除了受决策团队进入机构之前形成的默会知识的影响，还会受到在投资过程中形成的默会知识影响，即"干中学"形成的经验影响。因此，用进入机构之前形成的经验（默会知识），来检验其对风险投资整个投资期间总体投资策略的影响，是不恰当的。

最后，之前的研究中使用二值变量来界定风险投资机构的投资策略：当待检验期中风险投资机构投资早期阶段项目的案例数超过一定比例时，则界定该风险投资属于早期阶段投资策略。因此，对于风险投资机构投资策略的界定便受到待检验期选择的影响，这导致检验结论的可靠性受到影响。

三　宏观模型缺乏导致或者代表决策主体差异的因素

现有的宏观因素检验结果大体可分为两种类型：第一种类型中的宏观因素检验结果是一致的，例如现有研究中的劳动力市场刚性、税率和产权保护；第二种类型中的宏观因素检验结果存在矛盾，例如现有研究中的资本市场、经济增长、政府直接干预。现有研究存在的问题就在于进行研究时，忽视了导致或者代表决策主体差异性的宏观因素，从而表现出研究结论的不一致。而上述宏观因素的忽视，源于在微观层面上决策机制的研究不够完整和深入。而更深层次的原因在于对不确定性含义和来源的研究模糊，其导致微观决策机制无法被刻画清晰。

四　对风险投资阶段选择所产生的影响的研究较少

有关风险投资阶段选择所产生的影响的研究较少，其原因在于：从发展阶段来看，学者首先关心广义的风险投资所产生的影响问题，然后才会涉及狭义风险投资带来的影响问题；从研究对象范围来看，较长时间内风险投资主要集中在美国，而美国的风险投资阶段后期现象并不是特别严重，所以，阶段选择的影响问题必然不会成为学者们研究的焦点问题。但是，在中国环境背景下，阶段选择行为较为突出，而阶段选择是否具有实质性影响，也会对国家出台相关引导政策有重要参考意义。如果阶段选择行为对被投企业并无实质性影响，则本研究主题不具有现实意义。但是如果有实质性影响，那么研究阶段选择行为，并且据以引导阶段选择行为，就对评价中国风险投资质量，以及提高风险投资助推经济发展的效率有重要意义。

本章小结

本章围绕风险投资阶段选择问题，对相关研究进行了回顾，主要涉及：以阶段选择划分风险投资的历史发展研究；阶段选择所面临的不确定性研究；不同阶段投资的决策方法研究；默会知识及其对阶段选择的影响研究；影响风险投资阶段选择的宏观因素研究；阶段选择产生的影响研究。

目前的研究主要存在四方面的问题：一是不确定性影响投资决策的机制研究不够完整；二是默会知识影响阶段选择的研究设计尚需改进；三是宏观模型缺乏导致或者代表决策主体的因素；四是有关风险投资阶段选择所产生的影响的研究较少。

现有研究的不足之处，也正是本书所要研究的重点内容。

第三章 默会知识影响阶段
选择的机制研究

　　本章主要任务是通过理论分析，来解析默会知识影响风险投资阶段选择的形成机制。笔者拟通过顺序回答如下问题来达成目标：首先，论证本书选用的基本假设的合理性，来明确笔者所持有的理论信念；其次，通过语境和视角分析不确定性的含义与来源；再次，在不考虑默会知识变动的前提下阐述风险投资的决策机制；最后，考虑默会知识变动情况下，风险投资决策机制产生的新均衡，并结合不确定性，进一步拓展度量默会知识的指标体系，分析默会知识影响阶段选择的具体路径。

　　本章内容安排如下：①本书理论分析的基本假设：主体异质性；②主体异质性假设下的不确定性界定；③风险投资决策机制研究；④默会知识及其影响路径研究；⑤最后是本章小结。

第一节　本书理论分析的基本假设：主体异质性

一　"经济人"假设与主体同质性假设的内在关系

"经济人"假设是西方经济学最为基本的假设前提。其思想经由斯密、边沁、西尼尔等人的发展，穆勒于 1836 年在其《论政治经济学的定义》一文中正式提出"经济人"概念。穆勒指出"经济人"是对经济生活中的一般人的抽象，具有两大特征：一是自私性；二是完全理性。后经李嘉图、瓦尔拉斯和帕累托等人的发展，"经济人"获得了纯粹工具主义的属性。尽管学术界对此假设一再提出质疑与评判，但都是针对"经济人"自私的道德伦理假设和完全理性的行为能力假设（李炳炎、江皓，2005）。然而本书认为，对经济生活中一般人的抽象，即人的同质化处理才是导致"经济人"假设违背现实的根源。

本书提出上述观点的理由有两点。一是从"经济人"概念提出的初衷可以看出上述观点的合理性。根据宫敬才（1998）的考证发现，穆勒对一般人的抽象所提出的"经济人"概念仅仅是出于方法论的需要，并且在概念提出之际，他特别做出声明，这样的假设只有用于构建方法论时才是合理的和有用的，否则，便是错误的和不切实际的。因此，可以看出穆勒本身也意识到主体同质化可能导致的潜在问题。二是从逻辑层面可以推导出上述观点。如果从道德层面和技能层面假设所有人都是完全相同的，则在经济学范畴内必然可以推出经济主体的同质性。"经济人"假设实际上必须建立在人的同质性假设之上。同质性假设至少是"经济人"假设的必要条件。因此，同质性假设正是导致"经济人"自私性与完全理性假设饱受质疑的根源。所以，放松主体同质性假设是提高经济理论假设合理性的必由之路。

二 主体同质性假设存在的缘由

尽管"经济人"假设饱受批评，同质性假设又是"经济人"假设的必要条件，但同质性假设长期以来并未受到主流经济学的正面质疑，这说明必然有其历史背景下的合理性。

（一）理论研究意义的基础

理论最大的功能莫过于由此及彼，通过过去和个案的规律去预测和指导未来或者群体行为。但是著名的怀疑论者大卫·休谟认为归纳法的根本矛盾就在于，理论在时间和空间上的跨越存在两个无法逾越的逻辑鸿沟：在时间上，它无法以过去的经验预测现在的结果，以实现从过去到现在的时间跨越；在空间上，它无法以个别结论去推测普遍结论，以实现从局部向全面的空间跨越（大卫·休谟，1980）。为了克服或者缩小这两个逻辑鸿沟，理论工作者必然有将主体内外条件趋同的冲动。其中对于主体同质性的假设正是对主体内在条件趋同的表现。只有在主体同质性假设下，经济学有关过去和现在人类经济行为的研究，有关局部和群体的研究才有可能跨越时间与空间，运用于未来和其他群体。主体同质性假设是肯定理论研究意义的必要条件。

（二）"价值中立"诉求的表现

新古典经济学家严重曲解了大卫·休谟的怀疑论命题（张雪魁，2013），并将该命题作为论证经济学应当实现"价值中

立"的主要依据（莱昂内尔·罗宾斯，2000）。既然人类的认知
能力无法跨越"时间"和"空间"这两个逻辑鸿沟，"学术上的
分工就应该让经济学留在此岸世界"（张雪魁，2009）。以此逻
辑思考为依据，凯恩斯将经济学划分为：自然科学意义上的实证
经济学、伦理学意义上的规范经济学和作为技术操作工具的经济
政策艺术。从此，实证经济学与规范经济学有了明确的界限，主
张"价值中立"和"伦理无涉"也就成为主流经济学家的诉求
和坚定的信仰。"价值中立"实际上就是要求经济主体的内在条
件对经济决策不发生影响，那么自然便要求主体满足同质性
条件。

（三）经济学发展背景的约束

假设条件的设定，在经济学研究中的作用在于简化细节，便
于集中研究主要因果关系。合理的假设能极大简化研究工作，且
不失理论的合理性。假设的合理性显然与提出假设的学术发展阶
段和经济环境背景有关。同质性假设起源于古典经济学，在新古
典经济学中发展至极致。当时的经济学发展阶段相较于今天而
言，显然处于相对初期阶段，也就是说经济学研究的问题面临的
变量很多。由于经济学是研究人的经济行为的科学，因而影响人
的经济行为的变量可分为两类：相对于人的外部变量和内部变
量。固定住一类变量而研究另一类变量是研究过程中自然能想到
的方法。经济学实际研究中是固定住了人的内部变量，即假设人
的同质性。至于为什么选择内部变量而不是外部变量，原因有
二：一是当时的经济不发达，外部环境约束性较大，人的自主选
择范围较小，因此人的不同选择对经济活动成败的影响显得不是
特别突出；二是当时的经济学发展主要集中于欧美国家，地域和

文化上的跨度有限，这造就了学者眼中的"经济人"具有相似性的特征。

三 主体异质性替代同质性假设的合理性

然而，时过境迁，笔者认为在当前的经济学研究中应当以主体异质性假设替代同质性假设，理由如下。

（一）异质性假设能增加经济理论的价值

首先，采用异质性假设并不会动摇理论研究的根本意义。虽然采用主体异质性假设，理论由此及彼的指导意义会下降，但是并不会产生根本性的动摇。一旦强调主体异质性必然产生个体判断问题，但是个体判断并不等于主观判断。郁振华（2002）在梳理波兰尼（1958）的《个人知识》一文中提及：个体知识同样具备普遍意图。因此，基于个人知识的个人判断同样能产生由此及彼的指导意义。

其次，异质性假设能大幅提高理论对"悖论"现象的解释力。理论对于事件的解释力度越大，预测功能越强，则其价值越大。推动理论发展的重要因素在于"悖论"的出现，然而在决策理论发展的过程中我们不难发现，每当用新理论替代原有理论，试图去化解"悖论"时，往往是旧的"悖论"没有完全消解，新的"悖论"又会产生，大大影响了理论的解释力。但是只要放松主体同质性假设，则对"悖论"的解释力度就会明显提高。最新的启式决策模型就采用了"启发式工具箱"的做法（Gigerenzer，1991），其本质上就是对主体异质性的一种认同。

最后，沿用主体同质性假设的边际收益正在递减。当经济学研究处于起步期时，对人的内在条件进行限定，能够在研究中产生很大收益，更好地研究外部因素的影响机制。但是，随着外部因素研究结论的逐步累积，同质性假设在后续研究中所带来的增量收益必将大幅下降。

（二）主体异质性具有显著性特征

从经济学角度谈论主体的异质性，自然是指主体经济行为上的差异，这种差异源自主体内部特质所导致的决策行为分歧。这里影响决策的内部特质很容易让人联想到知识。个人拥有的知识从其转移难度上来说分为明述知识与默会知识（郁振华，2012）。根据波兰尼（1958）的描述，个人的默会知识在优先度和数量层面上都远超于科学知识。显然，默会知识是决定主体决策行为的重要因素。而主体的同质性或者异质性假设其实就取决于主体间知识转移的难易程度。如果知识难以转移，则主体异质性特征就不应当被抹灭。默会知识最大的特征就在于其难以转移和共享。因此，主体异质性应是不能被忽略的内在特征之一。人类经济活动既有一致性的部分，也有差异化的部分，暂且不论这两部分比重的大小，但是，差异化的这部分不能被忽略是不争的事实。如果以计量模型打比方的话，主体异质性变量的参数数值的绝对值可能不大，但其显著性一定是显著的，因此就不能在模型设计中忽略该变量。

（三）经济环境与学术发展阶段所致

如今人们所面临的是经济环境复杂、经济信息爆炸的外部环境，这使得主体选择范围加大，且主体选择对经济活动成败的影响很大。所以，关注主体内部条件的现实需求愈发突出。而从学术发展的阶段来看，当我们对影响人类经济活动的外部因素有了一定的研究基础之后，考虑人的内部因素对经济活动影响的冲动自然会产生。加之，经济学在全球范围内的发展，经济主体之间显著的差异性已经无法被学者们选择性忽视。

所以，总体而言，在当前的学术和经济环境背景下，采用主体异质性假设更具有合理性。

第二节　主体异质性假设下的不确定性界定

不确定性是影响机制中的核心问题。然而当前研究中对不确定性的定义和分类较为混乱，反而混淆了我们对不确定性本质特征的把握。因此，有必要在主体异质性假设下，重新界定本书语境中的不确定性。

一　不确定性语境的分类

尽管在文献综述中所提及的不确定性概念和分类，均是学者们在研究经济学或者管理学问题的情景下提出的，但是他们阐述不确定性概念及分类的语境大致可分为两类：一类属于不以主体为必要条件阐述不确定性的语境，姑且称之为自然语境；另一类属于以主体为必要条件阐述不确定性的语境，暂且称之为决策语境。如果是自然语境下的不确定性，人并非是划分不确定性类型的必备条件，那么不确定性自然可分类为：没有人参与的不确定性、人与自然互动产生的不确定性、人与人互动产生的不确定性。例如，库普曼斯的原发不确定性，Milliken 的状态不确定性，Fahey 和 Narayanan 的宏观不确定性等均属于没有人参与的不确定性类型。所以，这些学者应属于在自然语境中讨论不确定性问题。而决策语境中不确定性研究必然不能脱离主体的参与，否则对于决策没有意义。因此，决策语境下的不确定性分类标准，以及每一种类型均是与主体有关的。例如，奈特的分类标准——概率类型，实际上反映的是主体获知概率的方式和程度。大辞典和信息经济学则是以不确定性相对主体而言其来源（产生）的方向，作为分类标准的。因此，类似于这些分类就属于决策语境下的不确定性研究。

由于本书关心的是阶段选择中的不确定性问题，因此本质上是与决策相关的。完全没有人参与的不确定性类型对于决策毫无帮助，也没有了解和掌握的意义。笔者只能在决策语境下进一步筛选适合本书的不确定性的唯一分类标准。不确定性语境的分类如表 3 - 1 所示。

表 3 - 1　不确定性语境分类

学者	分类标准	不确定性类型		
自然语境				
库普曼斯	原生性	原发不确定性	继发不确定性	
Milliken	不确定性发生环节	状态不确定性	影响不确定性	反应不确定性
Fahey 和 Narayanan	不确定性来源	宏观环境不确定性	竞争不确定性	市场不确定性和技术不确定性
Lipshitz 和 Strauss	不确定性发生环节	结果不确定性	状态不确定性	备选方案不确定性
孙凤	不确定性来源	自然不确定性	社会不确定性	
李鹏飞	不确定性发生环节	状态不确定性	作用不确定性	反应不确定性
决策语境				
奈特	概率类型	先验概率风险	统计概率风险	真正不确定性
凯恩斯	概率类型			真正不确定性
哈耶克				真正不确定性
Langlois	产生无知的原因	参数不确定性	结构不确定性	
科斯	产生无知的原因	参数不确定性		

续表

学者	分类标准	不确定性类型		
		决策语境		
Marschak	概率类型	无知	不完全信息	完全信息
威廉姆森	原生性			行为不确定性
大辞典	决策主体	外生不确定性	内生不确定性	
现代信息经济学	决策主体	外生不确定性	内生不确定性	
诺斯			内生不确定性	
林斌	决策主体	外生不确定性	内生不确定性	
唐绍祥	决策主体	外生不确定性	内生不确定性	
丁祖豪、陈广国	决策主体	主观不确定性	客观不确定性	
汪浩瀚	决策主体	外生不确定性	内生不确定性	
张应华	产生无知的原因	参数不确定性	模型不确定性	情景不确定性
鲁鹏			内生不确定性	
徐飞	决策主体	客观不确定性	主观不确定性	
袁亚辉等	产生无知的原因	认知不确定性	随机不确定性	数值不确定性
严成樑	可控程度	局部不确定性	全局不确定性	
王万茂	概率类型	风险	不确定性	
汤吉军				真正不确定性

二 不确定性定义的视角

学者们往往是从他们认为产生不确定性来源的角度来定义不确定性，即存在定义不确定性的不同视角。决策语境下的不确定性，其视角的主体是决策主体，因此自然可将不确定性看作来源于主体外部（外部视角）、主体内部（内部视角），以及主体外部和内部（全面视角）。从分类标准和类型来看，Langlois、科斯、Marschak、张应华和严成樑是从主体外部视角来定义不确定性的，他们认为是外界环境的复杂程度决定了主体面临的不确定性程度。以奈特、凯恩斯、哈耶克等为代表的学者则是从主体内部视角来定义不确定性的，即主体的认知能力决定了主体所面临的不确定性程度。而以大辞典和信息经济学为代表的学者强调从全面视角定义不确定性，认为经济主体内外条件共同决定了主体面临的不确定性程度。

由于本书认同主体异质性假设，因此本书选择的视角是全面视角，即主体面临的不确定性程度由主体内、外部条件共同决定，理由如下。

首先，外部视角是在"价值中立"，即主体同质性假设下的产物，这和我们的基本假设相违背。

其次，内部视角肯定主体内在条件的异质性，但强调外部环境的同质性。其中奈特的定义最具代表性，从其代表性著作——《风险、不确定性与利润》中可见一斑。

1. 对主体异质性的肯定

奈特对不确定性的定义有着重要贡献，根据他的分类观点将不同类型的概率分为三类：先验概率、统计概率和估计。"第三种类型的概率或者说不确定性一直为经济理论所忽视，现在是恢复它应有地位的时候了。""第三类则不依赖任何分类，而是对估计进行估计。"可见，奈特将不确定性定义为基于估计的概率判断，而且还涉及了两次估计，第一次是个人基于信念对事件结果出现的概率判断，第二次是对自己信念正确性的概率判断。在价值判断介入如此之深的情况下，我们已很难相信此时面对不确定性的个体还能被看作是同质的。

奈特认为企业家获得利润是源于他承担了两种职能：一种职能是做出了这些估计；另一种职能是向企业其他成员"保证"他们的价值。"这两种职能都落在企业家身上。这个变化进而催生了全然一新的行为和收入类型。在没有不确定性的社会里，这种行为和收入类型闻所未闻。""估计"给企业家带来利润这种收入源于在不确定性存在时，企业家和雇员的预期产生了分歧，企业家比雇员能更准确地估计劳动服务的价值："对于那些高瞻远瞩的雇主来说，劳动之于他的价值，将远超他所支付的价格，对于这一点，他非常确信，而他只需按照现行的竞争工资率做出支付。"此时的描述已非常明确地说明了个体的异质性假设：企业家和雇员对不确定性存在预期能力差异，以及风险偏好上的差异。

2. 对主体外界环境异质性的否定

从其著作《风险、不确定性与利润》的第二章中我们可推断出，奈特认为"含有不确定性事件的结果对于所有人都是不可知的"是其理论的基本假设。这样的假设虽然没有在其著作中正式以文字出现，但在其论述中处处可见，例如，"对于发明创造、发现新的资源等活动，一旦这些活动失去了投机特征，那么，针对这些活动的回报与其他任何种类的生产性行为产生的工资、利息以及租金并无二致。"由发明、发现引发的不确定性，奈特认为通过主体认知变化，产生的"利润"会通过竞争趋于消除，所以不能算是利润的来源。"只有变化及变化的后果在本质上不能预期，动态变化才能够产生特殊形式的收入。……如果变化导致人们对未来一无所知，那么从中可能会产生利润。"这里明显突出所有人都无法预知变化结果的含义。所以，奈特在驳斥前人研究利润问题的不足时说："研究利润常见的一种方法，是将利润看成特殊的垄断收益，或者将垄断地位的特点与其他因素结合在一起考虑。这种方法容易将两种收入（指垄断收入和利润）混为一谈。"这里形成垄断的特质包括资本、知识、风险偏好等。总之，奈特不认为一部分人的特质是形成利润的来源，所有人都不曾预料到的变化结果产生资源错配，并且无法通过竞争消除这种错配。如果奈特认同主体异质性假设，则和这里强调主体特质不是利润来源的说法相矛盾。唯一的解释在于，他把主体面临的外界环境统一设定为对所有人来说都是未知的环境，人为造成主体的异质性实际上无法发挥作用。这样的设定显然简化了不确定性的来源。

最后，全面视角真正强调了主体异质性假设。笔者强调主体异质性，是为了说明主体理性的差异，进而在决策中表现出差异。理性差异的作用只有在不同的外部环境中才能体现出来。所以，肯定外界环境的异质性才能突出主体异质性的功能。另外，Muth（1961）认为理性预期会受经济环境结构的影响，西蒙（1956）曾经指出选择行为与环境结构有关。也就是说无论我们假设决策者的内在理性程度如何，外在环境条件都是左右决策行为的重要因素。

因此，本书谈及的不确定性是决策语境下全面视角的不确定性，它由主体内在异质性（内生不确定性）和外在环境差异（外生不确定性）共同产生和决定。对于决策主体而言，内生不确定性越小，主体可以应对的外生不确定性越大。外生不确定性不变的情况下，内生不确定性越小，主体能够感知到的外生不确定性越小。不确定性视角的分类见表 3 - 2。

表 3 - 2   不确定性视角分类

视角	学者/出处
外部视角	Langlois
	科斯
	Marschak
	严成樑
	张应华

续表

视角	学者/出处
内部视角	奈特
	凯恩斯
	哈耶克
	威廉姆森
	诺斯
	鲁鹏
	王万茂
	汤吉军
全面视角	大辞典
	信息经济学
	林斌
	唐绍祥
	徐飞
	袁亚辉等
	丁祖豪、陈广国
	汪浩瀚

第三节　风险投资的决策机制

我们首先了解在既定默会知识状态下，风险投资决策的完整机制，然后（下一节）再分析默会知识的变动是如何引发决策变化，导致阶段选择的变动的。

一　主体理性程度分析

（一）主体理性程度分析的视角选择

在看待主体理性程度方面有一个视角问题，即我们是从人类视角或者称之为"平视视角"，还是从全能视角（上帝视角）或者"俯视视角"看待理性程度。目前，有关经济主体的完全理性假设和有限理性假设都是在经济学语境中提出的。经济学的目的是研究人类在经济活动中的规律。人类作为观测的主体和对象，其目的是为了了解人类在经济活动中的作用与反应。所以，在视角的选择上理应从人类视角或者"平视视角"出发，而不应当选取全能视角或者"俯视视角"。

（二）主体异质性假设否定完全理性假设

对于完全理性，学术界一般理解为主体具有纵向和横向的完备知识，即在纵向上可以预测未来不确定性事件的概率分布，在横向上可以获取所有同期信息，并在处理能力方面没有限制。以上条件是不是完全理性假设成立的根本条件呢？本书认为不是。

如果我们认同平视视角观点，则上述的完备知识并非完全理性假设的充分必要条件。假设全世界的人类都具有目前全球最先进的计算机主机的信息储备和处理能力，且假设信息收集没有成本。从人类视角观测，我们能够接受将人类的理性程度假定为完全理性。但是这样的"主机"或者大脑并不能处理类似于黑洞、宇宙之外、时间终点情况下的事情。如果从上帝视角来看，这时的人类并不具备完备知识。那么，为什么我们可以在这个例子的假设条件下认同人类是完全理性的呢？这是因为大家都是同质性的人，没有一个例外的人可以在理性程度上高于其他人，从而站在上帝视角上去评判其他人的理性程度。换句话说，如果全世界的人都是弱智，则从平视视角来看人类还是完全理性的。因此，同质性假设是完全理性假设成立的充分必要条件，即如果人类具备完全理性，则所有人必定是同质性的；而只要所有人是同质性的，就能推出人类具备完全理性。完备知识假设显然只是同质性假设的一种特例。

在本章的基本假设分析中，笔者认为异质性假设相对于同质性假设更适于经济理论，所以，完全理性就不能作为人类理性程度的假设，因为总有更加理性的主体能够识别出其他主体的非理性成分。只要我们认同异质性假设，则完全理性就不能成立。

（三）异质性假设并不肯定有限理性假设

异质性假设对完全理性的否定，并不意味着对有限理性假设的肯定。首先，我们回到对有限理性的经典定义：有限理性是"指那种把决策者在认识方面的局限性考虑在内的合理选择——包括知识和计算能力两方面的局限性"（西蒙，1996）。其次，我们换个角度思考问题：如果决策者是异质性的，那么必然有一个相对最理性的决策者。从"平视角度"观测，其他人无法评判该决策者是否存在知识与计算方面的局限性。而该决策者本身也无法评判，因为他要得出目前的选择是次优的结论，则意味着他已有能力计算出更优的结果，那他必然选择所谓更优的结果作为最终选择。所以，没有人能否定这个最理性的决策者具有完全理性的假设。有限理性实际上是在同质性假设前提下，且以"上帝视角"观测所得到的结果。

（四）异质性假设前提下的主体理性程度存在差异

根据以上分析，在异质性假设下，首先假设主体外界环境是静止状态，或者直接假设所有人只面对同一件需要决策的事件，主体理性程度的合理假设是，至少有一个人是符合完全理性假设的，并且至少有一个人是符合有限理性假设的。其次，我们放松对外界环境的限制条件，即允许外界环境是动态的，并且允许不同的主体面临相同或者不同的决策事件，则外界条件的变化不会改变对主体理性程度的假设。例如，只要在面对同一事件时，在同一时点上总有至少一个主体会被所有人认为是符合完全理性的；至少一个主体会被所有人认为是符合有限理性的；在不同时点上，依然会存在这一规律。好比是爱因斯坦出现之前，牛顿的物理力学代表了完全理性；而爱因斯坦相对论的出现使其成为完全理性的代表，而牛顿理论则退变为有限理性的产物。当所有人同时，或者不同时面对不同事件进行决策时，才会出现所有人都符合完全理性假设的情况。但是这种特例在经济活动中不会出现，因为那样经济活动因缺乏对手而无法开展，就不能称之为经济活动，也就不属于经济学研究的范畴。所以，只要在主体异质性假设下，本书认为对主体或决策者理性程度的合理假设应该是，至少有一个主体或决策者符合完全理性假设，且同时至少有一个主体或决策者符合有限理性假设。

二　风险投资家（决策团队）决策模型的选用

（一）完全理性决策模型

根据前文分析，风险投资家（决策团队）中至少有一个是符合完全理性假设的，因此他（们）会选择完全理性模型。完全理性模型历经数学期望最大化、期望效用理论、前景理论再到积累性前景理论，值得注意的有两点。

一是每次理性模型的发展或者改进都是以解释"悖论"为最初动因，但是都会面临新的"悖论"，例如圣彼得堡悖论、阿莱斯悖论、埃尔伯格悖论，乃至启发式—偏差理论。悖论实际上反映的是在每种理性模型的检验中，都有一部分检验对象符合模型预期，一部分检验对象违背模型预期。完全理性模型改进过程中悖论的不断出现，说明每一种版本的理性模型都有其适用者，同时也显著地存在部分不适用者，而且不是能通过模型细节假设的放松就可以避免的。这恰恰反证出本书异质性假设的合理性：的确有一部分主体是符合完全理性假设的，但也有一部分不符合完全理性假设。只要将所有主体做同质化假设——全部完全理性，则无论模型如何改进都会有悖论出现。悖论显然有着显著性的含义，否则只会被作为检验中的随机误差过滤掉。所以，异质性假设就具有显著性特征，即不能被忽视。

二是完全理性模型的每次改进都是对完全理性严苛要求的一次放松，是对完全理性思想可操作化的一种改进。由此可见学术界对完全理性假设的理解正在现实化。正如 Muth（1961）在理性预期概念中所描述的：理性预期允许个体预期发生错误，只是要求个体不会长期发生系统性错误，决策群体中大部分不会发生预期错误，即可保证理性预期的实现。理性预期是完全理性的代表性产物。从中我们可以看出学者对完全理性是一种"人化"的趋势，而不是"神话"的方向。这说明，即便在今天，对部分主体采取完全理性模型仍然具有可行性。

无论完全理性模型如何改变，其功能目标本质上是相同的，即通过模型选择最优方案。

（二）有限理性决策模型

具有有限理性的主体，由于内部条件和外部环境的约束，只能选择有限理性决策模型。西蒙（1955）最早提出了有限理性模型——满意式决策模型。这种模型放松了要求主体掌握所有备择方案、概率分布，具有完全计算能力，且偏好一致等方面的苛求，只要求决策者以"满意""足够好"为搜寻原则，最终实现"满意解"即可。在风险投资决策实务中，根据西蒙的思想发展出多维心智模型（Zacharakis and Shepherd，2001）、替代选择对比法（Payne et al.，1988）、启发式决策方法（Baron，1998）、满足式启发式方法（Zacharakis and Meyer，2000）、非补偿策略（Moesel and Fiet，2001）等决策模型和方法。Gigerenzer（1991）在"有限理性"（bounded rationality）和"生态理性"（ecological rationality）两个基本命题或假设基础之上，对有限理性模型进行了发展，提出了"快速节俭启发式"方法。针对快速节俭启发式方法的质疑主要集中在，人们究竟是按照什么样的顺序搜索线索的？Gigerenzer等（2008）指出，在特定的决策问题上，个体是按照主观的线索效度来排列其先后顺序的，主观的线索效度的确定主要来源于进化学习、社会学习和个人学习。这里的各种"学习"本质上就是本书描述的默会知识。

尽管启发式决策模型有"适应性工具箱"之称，但是无论选择其中的哪一种模型或者工具，通过模型期望实现的目标都是相同的，即选择满意的方案。

三　风险投资的类型确定及运营目的分析

（一）本书风险投资所属类型

风险投资所属类型显然对其运营目标的设定会有所影响。在综合考虑研究的复杂程度和保证研究结论适用性的基础上，笔者将本书中提及的风险投资特指为独立专业的风险投资机构（Cumming et al.，2007），其具有如下特征：①组织形式为有限合伙制或者公司制；②资金来源可以包括政府引导基金，但是引导基金的参与不会造成政府意见完全主导决策主张；③投资阶段涵盖公司未上市之前的所有阶段；④决策专业化的机构化（institutional）投资机构。在不同国家（地区）和不同时期，独立专业的风险投资这一类型都是风险投资行业的主流，将该类型作为研究对象，应该说具有相当大的代表性。

本书风险投资类型中不包括以下两种类型。第一，非正式风险投资（informal venture capital）。根据《全球风险投资研究》的定义，非正式风险投资的资金来源于创业者家人和朋友、天使投资人，以及并不积极参与所投企业运营的私人投资者，其组织形式为非机构化的风险投资。不考虑该类型的原因在于：一是这些风险投资者投资动机复杂，且多为个人决策而非专业化决策，因此，难以提炼出较为统一的理论假设，也不具备较高的预测作用和借鉴意义；二是此类投资在整个风险投资行业中并非主流，且缺乏完整数据记载，即便提出理论假设也难以实施假设检验。第二，在非特别指出的情况下，不包括公司风险投资（corporate venture capital）。Sharma 和 Chrisman（1999）将公司风险投资定义为"引发部分或完全独立于现有组织之外的组织创新的公司投资活动"。有关公司风险投资最受争议的研究就是其投资目的。已有的研究表明公司风险投资同时存在多重目的（Siegel et al.，1988；Alter and Buchsbaum，2000；Chesbrough，2002）。然而，最让人困扰的是，没有任何一种目的在所有情况下都表现出最为重要的特征，也就是说公司风险投资的根本目的具有相机效应。这正是本书将其剔除在主要研究对象之外的原因，因为如果风险投资机构的目的是不稳定的，则在理论上无法（简单）构建阶段选择的行为准则。

（二）风险投资的运营目的

独立专业的风险投资是典型的市场经济主体，在能够采取完全理性决策模型决策的前提下，其根本目的必然是实现更高的投资回报。决策结果本质上是在备择选项中选择极值。

在采用有限理性决策模型时，决策者的有限理性导致其面对大量信息时，由于时间、计算能力和信息收集成本的约束，无法选择出最优结果，只能选择满意结果。决策结果本质上不再是备择选项中的极值。

虽然完全理性决策模型选择的是最优方案，有限理性决策模型选择的是满意方案，看似有较大分歧，但是二者实际上有本质上的相似之处。

首先，二者都是理性行为。完全理性模型自不必说，决策者在有限理性基础上的决策结果并不意味着非理性。戴正农（2011）在评价西蒙（2004）的《管理行为》时指出，只要选择的行动方案有助于达到既定目的，行为就是理性的。显然，基于有限理性决策模型的选择还是为了实现风险投资的既定目的，所以其实际上还是理性行为。

其次，二者都是在寻求个人条件下的极值。对于求极值，完全理性模型很好理解。有限理性模型虽然是求满意值，但本质上还是决策者自身的极值。西蒙有限理性模型的关键在于引入"满意原则"替代"最优化原则"，所以满意水平的设置便成为模型求解的关键。问题是这个满意水平如何设置，以及受什么因素影响呢？西蒙将其称之为愿望水平，戴正农（2011）曾指出愿望水平是通过如下机制进行设置的："如果当前的愿望水平设置，使得决策主体很容易搜寻到相应方案，则愿望水平将提高；

反之将降低愿望水平的设置。经过不断的尝试、反馈和调整，愿望水平最终会设定在可以达到，但须经过努力的水准。"从上述描述可清晰看出，由于决策者的有限理性，随着愿望水平的提高，或者说搜寻复杂度的提升，搜寻成本在增加，愿望水平的边际收益在下降。可想而知，最后愿望水平理论上会停在边际收益为零的地方。所以，有限理性模型表面上寻求的是满意值，本质上还是极值，只不过是针对具体个人的极值。而这种极值在更理性的主体，或者完全理性假设下的主体看来实际上是满意值。所以，Gigerenzer（1991）认为寻求满意解实际上是决策者在"有限理性"前提下所表现出的一种"生态理性"——在既定内外环境下的最优解。

回到本章的基本假设，如果采用异质性假设则完全可以解释有限理性决策模型和完全理性决策模型的表面差异：对于能够采用完全理性决策模型的主体而言，他的外部搜寻成本为零，他的内部知识是完备的，所以他的满意水平或者愿望水平等同于别人看来的极值；而采用有限理性决策模型的主体，由于内外条件的受限，他寻求的极值在更理性的主体看来实际上是满意值。

四　选择不同阶段项目产生的影响

对于风险投资运营目的的实现，选择不同发展阶段项目主要产生两种影响。

（一）阶段选择影响确定性条件下的投资回报

早期阶段项目资金约束问题（Fazzari et al.，1988）十分严重，要经历所谓的死亡期，因此其对外部资源的需求强烈。学者一般认为企业初创期融资时资本市场配置存在市场失灵现象，这就意味着除了风险投资这条渠道以外，早期阶段项目几乎没有可能从其他融资渠道获取资金。所以，当选择早期阶段项目时，风险投资具有较强的议价能力，往往可以获得超额股权。如果不考虑不确定性的话，在其他条件相同的情况下，选择早期阶段项目，风险投资将来能获得更高的回报。

（二）阶段选择影响风险投资面临的外生不确定性

1. 时间的不可逆性影响外生不确定性

普利高津（1998）曾经对霍金的《时间简史》做过评价，他认为导致不确定性产生的最主要原因就是时间的不可逆性。从选择进入被投企业直至退出期间，风险投资都暴露在因时间不可逆所产生的不确定性中。如果我们假定代表性企业的生命周期具有固定的时长，则企业所处发展阶段越早，后续发展暴露的时间相对越长，不可逆性生成不确定性的频次越多。借用风险管理中的一个专有名词可表达为，因时间的不可逆性，处于不同发展阶段的企业所面临的"风险敞口"不同，因此，对于决策主体而言，企业所处发展阶段越早，进行投资时所面临的外生不确定性越大。

2. 历史信息多寡影响外生不确定性

奈特（2011）指出，"如果存在偏差，要么是有不可确定（Indeterminate）的因素，要么是有尚未确定（Undetermined）的因素"。"尚未确定的因素"导致的是风险，"不可确定的因素"导致的是不确定性。当企业处于早期发展阶段时，因缺乏历史信息，决策者无法将其中的尚未确定因素与不可确定因素相区别，即便是只包含尚未确定因素的项目也会被误认为是包含了不可确定的因素。这就是企业发展时间对其中风险类型的影响，它使得早期阶段项目包含的风险类型极大地向不确定性类型靠近，即在决策主体"眼中"或"脑中"，早期阶段项目投资可能的结果类型和概率分布均不得而知。Ellsberg 悖论（Bernoulli，1954）说明人们对待风险和不确定性的态度是完全不同的：相比较于不知道概率分布的不确定性而言，人们更加偏好已经知道概率分布的风险，甚至愿意通过让渡一定的收益将所面临的不确定性置换成风险。正是基于这样的理论基础，我们才能理解为何企业发展阶段会影响到不确定性的程度：企业发展的时间短，历史信息少，投资者无从区分其中的不可确定因素和尚未确定因素，造成投资者更大概率地将企业中的风险误认为是不确定性。而相对于风险，不确定性更加不能被人们所接受，结果表现为早期阶段项目投资时人们感觉到面临更高的风险。

因此，我们可以得出结论：阶段选择不但会影响确定条件下的投资回报也会影响风险投资所面对的外生不确定性的大小。

五　风险投资决策行为的完整描述

从主体异质性假设可以推导出，不确定性由内生不确定性和外生不确定性共同决定，同时不同的风险投资家（决策团队）具有不同的理性程度。

理性程度是决定风险投资家（决策团队）内生不确定性的主要因素。理性程度高的风险投资家（决策团队）更可能选择完全理性模型，导致用以筛选项目的满意水平设置非常高（极值）；理性程度低的风险投资家（决策团队）更可能选择有限理性模型，导致用以筛选项目的满意水平设置较低（满意值）。但是，无论使用哪种决策模型，其决策的最终目的是一致的（对于不同的主体而言），或者说是不变的（对于理性程度变化前后的同一主体而言），即都是要在主体内在条件约束下获取最优投资回报。

　　投资不同阶段项目所导致的确定条件下的投资回报和所面临的外生不确定性是不同的。满意水平实际上就是项目搜寻标准。在最终目的的引导下，风险投资家（决策团队）设置的满意水平越高，意味着投资主体越可能在不确定性高的范畴内寻找投资项目，早期阶段项目越有可能成为潜在投资项目。决策结果将是一个均衡解，即在项目阶段特征所决定的外生不确定性，与决策主体理性程度所决定的内生不确定性相匹配时，停止搜寻，产生决策结果。风险投资决策机制如图 3 - 1 所示。

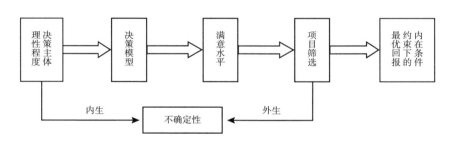

图 3 - 1　风险投资决策机制

第四节　默会知识及其影响路径研究

一　默会知识与主体异质性

　　默会知识的概念最早由波兰尼于 1958 年在其代表作《个体知识》中提出。尽管该概念随后又经过了其他学者的发展，但是波兰尼对于此概念的影响是无人能及的。本书对默会知识的分析依然基于波兰尼的思想。

随着近代科学的发展，科学知识越来越强调客观性原则（objectivistic conception）和非个人特征（impersonal），甚至将知识产生过程中个人特征的参与视为一种缺陷，具有完全超然品质的知识被视为理想的知识（郁振华，2010）。客观主义科学知识观的兴起导致的必然结果是"没有认知主体的认识论"（Popper，1972）。波兰尼则认为，客观主义完全误解了科学知识的本性。科学家将其个人特质引入到科学研究中，非但不是一种错误，反而是科学研究的必备前提和不可或缺的部分（郁振华，2010）。

"没有认知主体的认识论"实际上就是表明主体没有决策能力上的区别，实质上是主体同质性假设的一个特例。由此可见，波兰尼发展默会知识的初衷暗含对主体同质性假设的否定，以及对主体异质性假设的肯定。所以，默会知识的提出是以主体异质性为前提假设的，而默会知识的个人特征又是主体异质性假设合理性的重要论据。

二 默会知识与不确定性

（一）与不确定性相结合是研究默会知识的关键所在

有关默会知识的研究一直进展缓慢（窦军生，2012），原因在于大多数情况下学者们是单独研究默会知识的概念。这时，默会知识就变成了一个"黑箱"，但凡不能解释或者解释不清的因素均被纳入其中，所以我们经常看到有关默会知识的定义是以"剩余项"的形式呈现（Nonaka，1994；Dhanaraj et al.，2004；Cianciolo et al.，2006）。如果将默会知识与其作用的对象相连接，则通过作用对象的反应我们将更清晰地推理出默会知识的具体内容，"两点一线"是我们将默会知识概念清晰化的关键路径。

在波兰尼的主要著作中，默会认识（tacit knowing）和默会知识（tacit knowledge）两个概念是经常混用的。实际上，运用默会知识的这种能力，即默会认识也被视为是默会知识。"在波兰尼看来，默会认识本质上是一种理解力（understanding），是一种领会、把握和重组经验，以期实现对它的理智控制的能力。"（郁振华，2010）所以，当波兰尼提及默会知识一词时，它并不完全是名词形式，还含有动词成分。

何为认识？实际上是对事物中的不确定性的识别。如果我们知道某一事物可能产生的结果，以及各种结果出现的概率，那么我们才算是认识了该事物。默会认识或者默会知识正是识别不确定性的关键，这一点可以从奈特有关不确定性的描述中获得验证。回到奈特关于不确定性的定义：对估计进行估计。奈特（2011）在文中指出，估计或者价值估计就是信念。"个人信念多少都会言之有据，多少都会蕴含着某种价值，所依赖者，既非完全无知，也非无所不知，而是部分知识。"显然，信念或估计不是明确知识，因为明确知识是相对完整的、体系化的。所以，形成信念影响估计的只能是默会知识。奈特提及的"部分知识"中的"部分"，可以理解为默会知识因为在表达和掌握知识形成机理方面的不健全，所以只能达到明确知识科学程度的一部分。可见，在奈特的思想中，默会知识与不确定性存在着极强的联系。企业家能够获得"利润"，是因为他（她）具备别人没有的默会知识，由此可以识别不确定性，而且默会特征使得别人不宜模仿他（她），从而保证了其长期稳定获得"利润"的能力。一些企业之所以具备核心竞争力，就在于它们拥有别的企业所没有的默会知识，从而可以应对经营过程中的不确定性，从而体现出所谓的核心竞争力，且不易被模仿。

（二）默会知识影响不确定性的路径

首先，我们分析默会知识的运用，即默会认识的具体过程。

根据波兰尼的描述，默会认识过程由三个中心构成：①辅助的诸细节；②集中目标；③将第一项和第二项联结起来的认识者。对于辅助项细节的掌握，波兰尼称之为寓居，也被称之为辅助意识。这里的意识意味着对辅助项细节的理解和主动掌控，但是它并不是默会认识的目的，也不是关注的焦点。因此，波兰尼将这种对辅助项的关注称之为"不可确切指认性"（unspecifiability）。集中目标（又称之为焦点项）才是整个默会认识的对象和主体关心的对象，对它的主动关注称之为集中意识。而认识者就是实施两种意识连接，实现对集中目标认识的实施者。默会认识具体过程见图 3-2。

其次，我们分析默会知识识别不确定性的具体路径。

依然沿用奈特对真正不确定性的描述：主体只能估计不确定事件结果出现的概率分布。也就是说在面临不确定性事件时，主体要么不知道不确定性事件的所有可能结果，要么知道所有的可能结果，但是对结果出现的概率分布只能采用估计的方法。这两条并不是平行条件。如果不知道事件的所有可能结果，那么就谈不上知道概率分布。但是知道不确定事件的所有结果，并不意味着主体对概率分布能采用先验概率或者统计概率。因此，相关描述还是停留在不确定性层面，而不是风险层

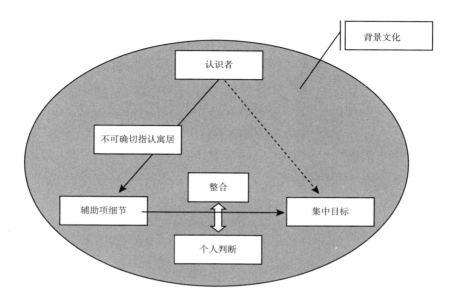

图 3-2　默会认识过程

面。只有保证主体对不确定性事件可能结果的概率分布采用先验概率或者统计概率时，不确定性才会降级成风险。默会知识主要就是通过影响主体掌握不确定性事件的结果类型和概率分布来影响不确定性的。

1. 辅助项细节影响对不确定性事件结果的认识

对辅助项细节的掌握，意味着主体首先要了解辅助项细节。我们可将此看作一种经历，主体对不确定性事件（集中目标）周边的辅助项细节了解越多，即主体的经历越丰富，则越有可能见识到不确定性事件的所有可能结果，从而为不确定性程度的下降打下伏笔。

2. 辅助项的寓居影响对概率分布的理性预期

寓居是指主体理解性地占有辅助项细节。这里的理解性意味着由此及彼的能力。如果主体具备从相关细节间接推断结果的能力，或者能力更强，则估计的准确性必将提高，其极限形式应该是 Muth（1961）所说的理性预期，此时主体估计的概率分布与客观概率分布相符，主体面临的不确定性便转化为了风险。

3. 理解能力影响对不确定性的降解速度

默会认识的本质是理解能力。主体对辅助项细节能否寓居，多久实现寓居，取决于主体的理解能力。理解能力越强，则主体在越短的时间里就能理解集中目标，就能越快地将不确定性降解为风险。从时间的角度来说，如果理解集中目标所需的时间越长，实际上就意味着不确定性越大，那么我们终生不能理解的现象便成为所谓的"迷"或者"神话"。

4. 背景文化影响对不确定性大小的感知

背景文化实际上是一种背景知识，在交流中必不可少，却又不必出现。因此，文化也是一种默会知识。对不确定性事件知道得越多，我们就越会依靠背景文化以外的知识成分进行决策。而当对不确定性事件一无所知时，我们就只能依靠文化赋予我们的信念进行选择。在面临未知世界的探索时，文化保守的民族会选择循规蹈矩，裹足不前；文化激进的民族会选择打破常规，锐意进取。不考虑生理条件的话，文化是决定个人风险偏好的最主要因素。

具体到风险投资活动，其中蕴含的不确定性可分为市场风险、对创业团队管理能力的信息不对称，以及代理风险（Gompers and Lerner，2001）。如果投资决策主体具备或者具有更多的相关默会知识，则意味着：第一，可从相似的项目市场发展状况更好地估计潜在投资项目的市场前景，即通过经历辅助项细节更加全面地了解不确定性事件的可能结果，降低市场风险；第二，可通过对肢体语言或者自己曾经的创业经历等辅助项细节的寓居，对创业团队的管理能力有更准确的评估，降低事前信息不对称；第三，能通过管理活动细节更早发现道德风险，根据经验签订更完备的激励相容合约，甚至在必要的情况下接管创业企业，依仗默会知识亲自管理，来降低代理风险；第四，即便不具备上述三种情况下的默会知识，更强的理解能力也能帮助主体更快地获得上述能力，降低在风险投资中面临的不确定性；第五，更为开放的文化特征会在风险投资家面临完全陌生的潜在项目时，引领其做出大胆尝试的选择。因此，默会知识对不确定性有影响，进而有可能影响到阶段选择行为。

（三）从不确定性角度度量默会知识

根据默会知识识别不确定性的路径，我们可以相对清晰地构建度量不确定性的指标体系。

1. 专业经验

经验是人与环境主动交互作用的过程与结果，是亲身经历与结果反馈的结合。所以，笔者进一步将专业经验划分成专业经历和结果反馈。专业经历是主体掌握辅助项细节的重要手段，所以其是度量默会知识的重要指标。实际上，在现有的研究中，学者们也主要是以各类专业经历来度量默会知识。

结果反馈影响主体对辅助项细节的寓居，即理解性地占有辅助项细节，把辅助项细节变成主体身体的延伸，在认识事物时拓展主体"亲知"（knowledge by acquaintance）的范围。"亲

知"能提高主体理性预期能力，所以结果反馈会影响到主体的
"估计"能力——两类估计：对事物结果的概率分布的估计，
和对自己估计正确性的估计（奈特，2011）。其中对第二类估
计的影响，还会对主体的判断力形成影响，因为判断力涉及个
人信心问题。以结果反馈度量默会知识在现有研究中还比较
少见。

2. 背景文化

背景文化作为度量默会知识的指标，具体可以从两个方面考
虑：①主体与集中目标背景文化的相似性；②主体所处背景文化
的开放性。

Collins（2010）、郁振华（2012）都将默会知识划分为弱
的默会知识和强的默会知识。弱的默会知识不是不能表达，
而是如果详细表达，则影响对集中目标的理解和表达。例如，
我们用一般的文字解释专业术语，这里的一般文字相当于辅
助项，专业术语是集中项。如果我们对用于解释的一般文字
也进行解释，则最终我们将无法聚焦于对专业术语的理解和
解释。我们假设对于一般文字的理解是其义自现的，大多数
情况我们只是直接使用一般文字，将其作为整合理解专业术
语的基石。之所以能这么做，其前提是交流的双方都能理解
一般文字的含义，即背景文化具有相似性，例如大家都学过
汉语。

波兰尼将强的默会知识表达为对辅助项的整合能力、个人理
解力和判断力等。这种能力往往需要内嵌于一定的组织文化、组
织行为和集体理解中方能发挥作用（Borges，2013）。可以看
出，决策主体与集中目标共同处于相似的背景环境中，是默会

知识能够识别不确定性的重要前提条件。原因在于，背景文化发挥了重要的中介作用，背景文化的相似性提高了沟通和识别的效率。决策主体借助于背景文化的共同性，降低了信息不对称的程度，从而实现认识上的跳跃。所以，Clarke（2010）认为默会知识需要在一定环境中获得，Pham（2008）则认为在全系统支持下才能实现默会知识转移，Maskell 和 Malmberg（1999），王增鹏、洪伟（2014）认为文化相似性更有助于默会知识的转移。这里的"一定环境""全系统支持""文化相似性"指的都是背景文化的相似性。因此，无论是在弱的默会知识还是强的默会知识中，文化背景的相似性都是默会知识的度量指标。

默会知识中的个人判断能力，或多或少与个人的经验有关。但是，如果面临的是全新事物，或者在完全缺乏经验的情况下，决策主体将如何决策呢？他（她）只能依据所处文化所形成的原则指引：如果所处文化是开放性的，则更容易形成决策主体进行探索的决定；如果所处文化背景是相对封闭的，则更倾向于引导决策主体放弃前行。所以，在缺乏科学知识和经验的指引下，主体所处背景文化的开放性将会凸显出来，发挥影响决策的作用。实际上，背景文化的开放性也体现了一种示范和范例的功能，这种功能是典型的强的默会知识（郁振华，2012）。

3. 先天理解能力

默会认识本质上是一种理解力（波兰尼，1958）。这种理解力的形成与个人经验有关，与所处背景文化有关，但一定也与个人生理特征有关，即个人默会能力多少具有先天特质。

三 引入默会知识的风险投资决策机制

(一) 风险投资面临的外在环境假设

本书研究的对象是阶段选择行为，是在做出投资行为基础上的选择行为，所以有必要对风险投资面临的外界环境作简单假设，以排除风险资本放弃投资或者推迟投资的行为选项。当然，我们将论证这些假设并不强烈，只是对现实状况的简单调整，在简化分析条件的同时确保分析结论的适用性。

相关假设如下。第一，我国市场中的确存在至少一个合格的潜在投资项目。对合格的潜在投资项目的定义是：除却受到资金约束外，该项目具备走向成功的所有其他条件。也就是说，即便风险投资机构全部是消极的投资者，也不会因为缺乏投资对象原因影响选择行为。这一假设并不强烈，从每天实际发生投资事件来看也的确如此。第二，风险投资面临过度信息，而不是信息不足。该假设的含义是风险投资无须付出异乎寻常的成本，即可面对潜在的合格项目。在今天网络发达，风险投资专业网站和数据库已基本成型的背景下，项目搜寻障碍理论上不应成为左右阶段选择行为的主要因素。第三，不考虑风险投资的等待行为，即风险投资必须要选择处于某一发展阶段的企业进行投资。由于存在合同约定，风险投资作为受托机构必须在约定时间还本付息，因此风险投资的等待行为必定是很有限的。如果假设合格的潜在项目是充分存在的，且风险投资获取信息并不是障碍，那么等待的唯一作用就是获取更多潜在项目的历史信息。因此，对于等待这种时间序列上的纵向行为，可看作时间截面上的横向选择行为——选择发展阶段更靠后的企业投资。第四，假设风险投资机构是风险规避的。尽管理论上可以将主体对待风险的态度划分成三种：风险规避、风险偏好和风险中性，但是现实中风险中性的投资机构几乎不存在，其要么是风险规避型的，要么是风险偏好型的。虽然对风险投资的直观印象会给人们以风险偏好的特征，但是由于本书将研究的对象设定为独立专业的风险投资机构，其决策主体是相对理性的风险投资家或者决策团队，加之受托责任的约束，因此在此将其假设为风险规避特征更为合理。已有的研究结论也支持该假设：Tyebjee 和 Bruno（1984）在其经典文献中表明"风险投资家看来是追逐利益且厌恶风险的"。

通过以上假设，我们可以将不投资行为等价为阶段选择行为中的一种：选择后期阶段项目。由于上述假设均不强烈，因此可以保证基于此的后续分析具有可靠性和普遍适用性。

（二）引入默会知识下新均衡的产生

由于默会知识的增加将提高决策主体的理性程度，进而引发所使用的决策模型更换，以至于决策主体会设定更高的满意水平，阶段更加靠前，因此需要花费更多搜寻成本的项目进入风险投资的考虑范围。一旦阶段更加靠前的项目成为拟投资的目标，则意味着外在不确定性增加。面对更高的不确定性，决策者需要更高的理性程度予以应对。如果这时项目对理性程度要求的提升幅度，尚未达到之前默会知识所引发的理性程度上升幅度，那么决策主体会放弃当前项目，继续搜寻阶段更加靠前的项目，从而进一步提高外在不确定性。一旦外在不确定性的增加，刚好与新的理性程度所决定的内在不确定性再次匹配时，搜寻结束，阶段选择行为完成，形成新的均衡解。引入默会知识的风险投资决策如图 3-3 所示。

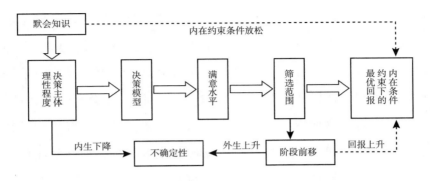

图 3 - 3　引入默会知识的风险投资决策

四　默会知识影响阶段选择的路径分析

上述分析表明，在风险投资决策过程中，默会知识通过不确定性的中介作用引发风险投资的阶段选择行为，以实现内在条件约束下最优回报的运营目标。下面我们将抽离中间环节，具体分析默会知识影响阶段选择的路径。

(一) 微观层面

1. 默会知识影响首次投资选择的直接路径

风险投资家 (决策团队) 在进入风险投资机构之前具备的默会知识，构造了不同决策主体的异质性。此时的默会知识具有明显的外生性变量特征。特定默会知识的多少决定了决策主体的理性程度，以及内生不确定性的大小，进而决定了他 (们) 能够应对的外生不确定性的大小。如果特定默会知识较多，虽然早期阶段项目蕴含的外生不确定性较大，但决策主体能感知的不确定性较小。此时，无论采用哪种决策模型，他 (们) 都是在寻求自身特质限制下的最优方案。根据风险投资运营目的，结合早期阶段项目高回报的特征，决策主体在首次投资决策中更可能选择早期阶段项目。如果特定默会知识较少，虽然早期阶段项目具有高回报特征，但决策主体能感知的不确定性特别大，最终的决策结果必然还是倾向于选择后期阶段项目。反之亦然。

2. 默会知识影响整体投资策略的直接路径

进入风险投资机构之前形成的默会知识也会对整体投资策略形成直接影响。特定默会知识越多，风险投资家（决策团队）的理性程度越高，内生不确定性越小，能够应对的外生不确定性越大，则风险投资更有可能选择早期阶段项目。反之亦然。

3. 默会知识影响整体投资策略的间接路径

鉴于"颤抖手"理论（Selten，1975）、路径依赖以及投资惯性（Choi et al.，2004），风险投资机构的首次投资选择，也会对后续投资策略产生影响。默会知识借由对首次投资选择的影响，对后续整体投资策略形成间接影响。在间接影响路径中，默会知识不但包括风险投资家（决策团队）进入机构之前形成的默会知识，也包括首次投资结果的反馈，以及后续投资活动中所形成的新增默会知识（"干中学"）。投资结果反馈和"干中学"有可能会强化过去的默会知识，也有可能修正过去的默会知识，进而对后续投资行为产生影响。在现实中就表现为某些风险投资机构能保持一贯的投资风格，而有些风险投资机构在后续投资策略上会做出调整。

（二）宏观层面

风险投资机构在个体层面会表现出阶段选择差异，同时也会在总体上表现出一定的宏观特征，即我们所观测到的不同区域，乃至不同国家风险投资发展过程中的投资阶段偏好的差异。其原因在于，构建风险投资家（决策团队）默会知识的因素：专业经验和背景文化，均是在一定的宏观环境中生成的。所以，不同地区的宏观环境因素，会通过影响身处其间的决策主体的默会知识类型，进而影响区域的风险投资特征。某些难以复制或改变的宏观因素，可能正是导致区域风险投资偏好的根本原因，致使宏观层面的阶段选择现象得以长期稳定存在。默会知识影响阶段选择的路径如图 3 - 4 所示。

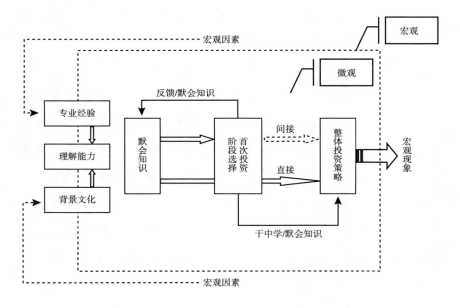

图 3 - 4 默会知识影响阶段选择的路径

本章小结

本章首先从经济环境与学术发展阶段、显著性特征和影响经济理论价值三个角度，论证了相对于主体同质性假设而言，本书的基础假设基于主体异质性假设更为合理。

其次，以语境与视角为线索，对不确定性的现有研究结论进行分类分析，得出结论：本书的不确定性应是决策语境下的不确定性，由内生不确定性和外生不确定性共同构成。对于决策主体而言，内生不确定性越小，主体可以应对的外生不确定性越大。在外生不确定性不变的情况下，内生不确定性越小，主体能够感知到的外生不确定性越小。

再次，分析发现风险投资决策机制有如下特征：理性程度高的风险投资家（决策团队）更可能选择完全理性模型，导致用以筛选项目的满意水平设置非常高（极值）；理性程度低的风险投资家（决策团队）更可能选择有限理性模型，导致用以筛选项目的满意水平设置较低（满意值）。在最终目的的引导下，风险投资家（决策团队）设置的满意水平越高，意味着投资主体越可能在不确定性高的范畴内寻找投资项目，早期阶段项目越有可能成为潜在投资项目。决策结果将是一个均衡解，即在项目阶段特征所决定的外生不确定性，与决策主体理性程度所决定的内生不确定性相匹配时，停止搜寻，产生决策结果。

另外，在风险投资决策机制中考虑默会知识的变动。由于默会知识的增加将提高决策主体的理性程度，进而引发所使用的决策模型更换，以至于决策主体会设定更高的满意水平，阶段更加靠前，需要花费更多搜寻成本的项目进入风险投资的考虑范围。一旦阶段更加靠前的项目成为拟投资的目标，则意味着外在不确定性增加。面对更高的不确定性，决策者需要更高的理性程度予以应对。如果这时项目对理性程度要求的提升幅度，尚未达到之前默会知识所引发的理性程度上升幅度，那么决策主体会放弃当前项目，继续搜寻阶段更加靠前的项目，从而进一步提高外在不确定性。一旦外在不确定性的增加，刚好与新的理性程度所决定的内在不确定性再次匹配时，搜寻结束，阶段选择行为完成，形成新的均衡解。

最后，结合不确定性，默会知识影响阶段选择的具体路径可划分为：微观层面，默会知识会直接影响风险投资首次投资选择和整体投资策略，同时默会知识也会经由首次投资对整体投资策略形成间接影响；宏观层面，某些稳定的宏观因素会通过影响决策主体的专业经验和背景文化，进而影响区域宏观层面的风险投资行为特征。

第四章 我国风险投资阶段
选择的现状及影响

本章的主要任务，一是通过定量分析方法描述我国风险投资阶段选择的现况；二是通过实证检验的方法检验阶段选择行为是否对我国企业产生了实质性的影响，从而表明后续研究的必要性和现实意义所在。

内容安排如下：首先，对我国风险投资机构投资阶段的现状进行描述；其次，利用国内数据检验风险投资阶段选择是否对被投企业产生实质性的影响；最后是本章小结。

第一节 我国风险投资阶段选择的现状描述

我国自 20 世纪 80 年代中期引进风险投资制度，至今已有 30 年时间。随着各类科研和商业数据库的建立，以及统计年鉴的出版，我们逐渐有可能通过量化数据来刻画目前我国风险投资机构在投资阶段上的选择行为。其中，由中国科学技术发展战略研究院组织编写的《中国创业风险投资发展报告》，无论在数据的权威性、指标的全面性，还是历史的可追溯性方面，都属于国内较好的统计来源。该年鉴自 2002 年开始出版，2003 年开始形成相对固定的内容框架，截至 2014 年已出版 12 期。在《中国创业风险投资发展报告》中，投资阶段划分为：种子期、起步期（初创期）、成长期（扩张期）、成熟期（过渡期）、重置期。本书中提及的早期阶段是指种子期和起步期。本书将以该年鉴数据为主对我国风险投资阶段选择的现状进行描述。

一 不同阶段上的投资金额分布

2002～2013 年，我国风险投资机构在种子期的投资资金在整个投资阶段中的占比平均为 10.8%，其中 2006 年和 2009 年形成种子期投资高峰，占比分别达到 30.2% 和 19.9%，有五年占比徘徊在 5% 左右。起步期投资资金占比平均为 17.1%，占比较高的年份包括 2002 年、2005 年和 2013 年，分别达到 30.3%、20% 和 22.4%。整个早期阶段（包括种子期和起步期）投资金额占比平均达到 28%，波动趋势更加接近种子期投资金额占比走势。其他阶段（包括扩张期、成熟期和重置期）投资资金总体占比平均达到 72.1%，2004 年和 2011 年占比超过 80%，占比最低年份为 2006 年，达到 58.3%。从投资阶段资金占比局部高点出现的年份来看，呈现如下规律：其他阶段投资金额占比最先出现局部高点，紧随其后的一年起步期出现局部高点，再后一年种子期出现局部高点，如此反复。具体数据见表 4-1。

二 不同阶段上的投资项目数分布

2002～2013 年，我国风险投资机构投资于种子期的平均项目

表 4 - 1　我国风险投资机构不同投资阶段上的投资金额分布

单位：%

阶段＼年份	2002	2003	2004	2005	2006	2007	2008	2009	2010	2011	2012	2013
种子期	9.2	5.3	4.5	5.2	30.2	12.7	9.4	19.9	10.2	4.3	6.6	12.2
起步期	30.3	16.8	12.3	20.0	11.5	8.9	19.0	12.8	17.4	14.8	19.3	22.4
早　期	39.5	22.1	16.8	25.2	41.7	21.6	28.4	32.7	27.6	19.1	25.9	34.8
其　他	60.5	77.9	83.2	74.8	58.3	78.4	71.6	67.3	72.4	80.9	74.1	65.2

资料来源：根据 2003～2014 年《中国创业风险投资发展报告》整理而得。

数占比为 19.7%，与投资金额分布相同，其是在 2006 年和 2009 年出现高点，占比分别达到 37.4% 和 32.2%，最低点出现在 2011 年，占比为 9.7%。投资于起步期的平均项目数占比为 25%，最高占比年份为 2013 年，占比达到 32.5%，最低占比年份为 2007 年，占比为 18.9%。投资于早期阶段的项目数占比平均为 44.7%，2006 年、2009 年和 2013 年占比均超过 50%，2003 年、2004 年和 2011 年占比较低，徘徊在 33% 左右，在走势上更接近种子期投资项目数占比的趋势。投资于其他阶段的项目数占比平均为 55.4%，占比最高年份为 2003 年和 2011 年，占比分别达到 67.7% 和 67.6%，占比最低年份为 2006 年，占比为 41.3%。起步期和种子期之间有较为明显的局部投资高点出现规律：起步期率先出现局部占比高点，随后一年种子期也出现局部占比高点。具体数据见表 4 - 2。

表 4 - 2　我国风险投资机构不同投资阶段上的投资项目数分布

单位：%

阶段＼年份	2002	2003	2004	2005	2006	2007	2008	2009	2010	2011	2012	2013
种子期	16.0	13.0	15.8	15.4	37.4	26.6	19.3	32.2	19.9	9.7	12.3	18.4
起步期	28.1	19.3	20.6	30.1	21.3	18.9	30.2	20.3	27.1	22.7	28.7	32.5
早　期	44.1	32.3	36.4	45.5	58.7	45.5	49.5	52.5	47	32.4	41	50.9
其　他	55.9	67.7	63.6	54.5	41.3	54.5	50.5	47.5	53	67.6	59	49.1

资料来源：根据 2003～2014 年《中国创业风险投资发展报告》整理而得。

三 投资于高科技和新兴产业的阶段分布

我国引入风险投资制度的初衷是要助推高科技产业发展，当前另一个主要目的是要推动新兴产业发展，所以，其对于高科技产业和新兴产业的投资阶段研究更具有政策意义。本书根据国家高科技产业和新兴产业（以下简称"高、新产业"）的定义，以及参考《中国科技统计年鉴》中的行业分类，对《中国创业风险投资发展报告》中的数据处理后获得表4-3中的内容。投资于高、新产业种子期的投资金额平均占比为9.1%，2002年和2006年形成投资占比的局部高峰，2004年和2011年形成低谷，仅占3.5%左右。投资于起步期的投资金额平均占比为14.3%，最高峰出现在2002年，2010~2012年占比高于平均值。投资于早期阶段的投资金额占比平均为23.3%，最高峰为2002年的46.2%，另一局部高峰出现在2006年，达到30.3%。投资于高、新产业其他阶段的投资金额平均占比为76.7%，走势大体呈现M形。具体数据见表4-3。

表4-3 高科技及新兴产业不同投资阶段上的投资金额分布

单位：%

年份 阶段	2002	2003	2004	2005	2006	2007	2008	2009	2010	2011	2012
种子期	16.9	5.3	3.6	4.5	20.7	8.4	6	11.7	10.4	3.5	8.6
起步期	29.3	12	9.6	14.4	9.6	7.7	11.7	9.4	17.6	18.8	16.9
早期	46.2	17.3	13.2	18.9	30.3	16.1	17.7	21.1	28	22.3	25.5
其他	53.8	82.7	86.8	81.1	69.7	83.9	82.3	78.9	72	77.7	74.5

资料来源：根据2003~2013年《中国创业风险投资发展报告》整理而得。

四 高、新产业与所有产业平均水平的比较

除了2002年和2012年外，其他年份高、新产业种子期投资

金额占比都要低于所有产业平均水平，除个别年份外起步期也都低于平均水平。整体来看，大部分年份中高、新产业早期阶段项目投资金额占比，不但没体现作为风险投资机构投资重点的特征，反而拖累了所有产业在早期阶段项目上投资金额占比的平均值。风险投资投入科技企业和企业初创期的资金比率，被学者们（Bonini and Alkan，2011；Rin et al.，2006）称为风险投资创新率，是衡量风险投资促进科技创新效率的重要尺度。我国风险投资在高、新产业上的投资表现，说明我国风险投资针对早期阶段项目的投资不但呈现量的不足，还反映出质的欠缺。可想而知，目前我国风险投资业对于推动科技创新和新兴产业发展的作用可能极其有限。高、新产业初创期不同阶段的投资金额占比比较见表4－4。

表4－4　高、新产业初创期不同阶段投资金额占比比较

单位：%

年份 阶段		2002	2003	2004	2005	2006	2007	2008	2009	2010	2011	2012	2013
种子期	高、新	16.9	5.3	3.6	4.5	20.7	8.4	6	11.7	10.4	3.5	8.6
	总体	9.2	5.3	4.5	5.2	30.2	12.7	9.4	19.9	10.2	4.3	6.6
起步期	高、新	29.3	12	9.6	14.4	9.6	7.7	11.7	9.4	17.6	18.8	16.9
	总体	30.3	16.8	12.3	20.0	11.5	8.9	19.0	12.8	17.4	14.8	19.3
早期	高、新	46.2	17.3	13.2	18.9	30.3	16.1	17.7	21.1	28	22.3	25.5
	总体	39.5	22.1	16.8	25.2	41.7	21.6	28.4	32.7	27.6	19.1	25.9

资料来源：根据2003～2014年《中国创业风险投资发展报告》整理而得。

五　我国不同地区的投资阶段比较

《中国创业风险投资发展报告》自2006年的报告中开始分别报告我国各地区的投资项目所处阶段情况。从表4－5可以看出，我国不同地区在早期阶段项目投资占比上有较大差异。在报

告期内没有数据缺损的省份中，云南省早期阶段投资项目占比最少，仅为年均 18.9%。早期阶段投资项目占比最高的为黑龙江省，年均高达 57.3%。不同年份中早期阶段投资项目占比波动最大的地区是海南省，占比最为稳定的地区是江苏省。

表 4 - 5　各地区早期阶段投资中的投资项目占比比较

单位：%

地 区＼年 份	2005	2006	2007	2008	2009	2010	2011	2012	2013
北京市	46.1	50	38.9	28	84.3	31.3	35.3	48.6	50
天津市	33.3	63.7	59	59	50	74.2	56.6	50	27.8
河北省	37.5	0	0	0	0	35	38.5	29.4	85.7
山西省	—	0	44.4	73.4	55.5	64.3	55.5	0	100
内蒙古	0	—	—	0	33.3	0	0	0	0
辽宁省	33.3	81.5	7.7	28.6	31.8	72.7	28.5	83.3	20
吉林省	0	53.3	37.5	30.8	66.6	40	55.5	40	60
黑龙江	80	0	0	33.3	100	80	50	72.7	100
上海市	63.9	70.5	73.7	43.8	42.3	54.6	36.9	26.9	47.8
江苏省	48.7	63.6	33.4	53.7	65	58.6	31.7	39.4	50.8
浙江省	63	74.2	59.4	56.1	43.3	41.8	28.6	40.6	46.8
安徽省	45.5	44.4	71.4	63.7	84.3	39.4	29.9	30.2	43.3
福建省	16.7	75	0	50	18.8	64	33.3	50	77.8
江西省	0	100	60	100	0	37.5	100	40	100
山东省	0	100	26.3	46.6	26.1	33.3	44	58.1	52.1
河南省	50	0	10	0	5.3	44.4	11.1	64.3	75
湖北省	33.4	100	44.4	53.6	43.7	52.5	24.6	39.7	48.8
湖南省	0	50	18.2	67.2	25	52	39.8	39.4	54
广东省	39.1	51.7	20	26	35.7	26	27.9	39.2	44.5
广 西	0	0	0	100	33.3	0	0	0	0
海南省	0	0	0	0	58.3	100	100	60	0
重庆市	100	60	66.7	33.4	25	26.6	56.3	38.5	#
四川省	55.6	61.6	42.4	54.6	37.5	18.8	15.9	54.1	57.8
贵州省	66.7	0	100	100	0	33.3	71.4	46.2	68.8
云南省	0	0	25	20	0	0	0	25	100
陕西省	11.1	16	21.4	35.3	68.2	25	42.9	55.6	50
甘肃省	0	0	100	0	50	75	100	50	75
青海省	0	0	0	100	0	0	0	#	#
宁 夏	90.9	100	100	0	0	0	22.2	100	28.6
新 疆	28.6		37	8	45.5	62.6		37	79.8

注：—表示缺损数据。因资料有限，西藏数据未包括。

资料来源：根据 2003～2014 年《中国创业风险投资发展报告》整理而得。

六　中、美、欧投资阶段比较

（一）早期阶段项目投资金额占风险投资比例

美国风险投资起源于 1945 年，自 1985 年开始有年鉴系列披露相关统计数据。美国 1985～2013 年投资于早期阶段项目的投资金额占风险投资总金额的平均比例为 31.6%，高于我国早期阶段投资金额平均占比（27.9%）；美国 1985～2001 年早期阶段投资金额平均占比为 35.3%，整体呈下降趋势。从行业生命周期角度来看，2002～2013 年我国风险投资行业所处发展阶段，基本相当于美国这一段时期。但是，同时期的美国风险投资早期阶段投资金额平均占比要远高于我国。2002～2012 年美国早期阶段投资金额占比平均为 29.6%，略高于我国同期占比水平。

欧洲风险投资发展历史与我国更加接近。由于欧洲长期统计的是私募股权投资数据，因此同期可比数据历史较短，从 2007 年起欧洲风险投资协会（EVCA）才开始单独列出风险投资近 5 年的相关数据。不过从不同学者的学术论文大致可了解到，欧洲 20 世纪 90 年代期间，早期阶段项目风险投资金额在总体投资金额中占比约为 10%；2000 年前后达到局部高峰，约为 28%；2001～2004 年呈下滑趋势，回归到 12% 左右；随后企稳回升，基本保持了单调递增的趋势（2008 年例外）；2007～2013 年早期阶段项目投资金额占比平均达到 55.6%，远高于我国同期水平（见图 4-1）。

（二）早期阶段的项目数占风险投资项目数比例

投资项目数占比情况与投资金额占比情况类似。美国同期投资在早期阶段的项目数占比平均为 43.3%，略低于我国的平均占比（44.7%），2002 年至今呈单调递增趋势，2011 年、2012 年和 2013 年

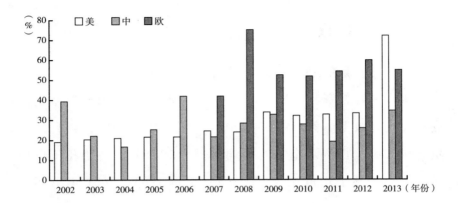

图 4 - 1   2002 ~ 2013 年美、欧、中早期阶段项目投资金额占风险投资比例对比

注：2002 ~ 2006 年欧洲数据缺失。

资料来源：根据 2003 ~ 2014 年《中国创业风险投资发展报告》整理而得。

占比超过我国同期。欧洲 2007 年以来早期阶段项目占比平均达到 66%，远高于我国同期，并且呈单调递增趋势，2009 年以后中国和欧洲早期阶段项目占比差距逐渐加大，2013 年欧洲早期阶段项目投资占比与我国的数据有所接近（见图 4 - 2）。

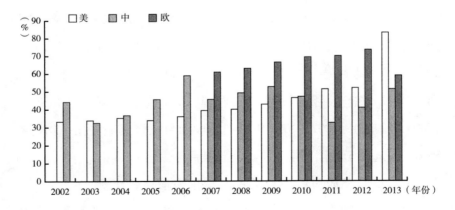

图 4 - 2   2002 ~ 2013 年美、欧、中早期阶段投资项目数占风险投资项目数比例对比

资料来源：根据 2003 ~ 2014 年《中国创业风险投资发展报告》整理而得。

（三）早期阶段项目投资金额占国内生产总值（GDP）比例

为了将风险投资发展与我国经济发展态势相联系，以及方便国际间的对比，本书分别计算了中、美两国风险投资年度投资金额占当年 GDP 的比重。由图 4 - 3 可以看出，2002 ~ 2012 年，美国风险投资占 GDP 的比重基本保持在 0. 15% ~ 0. 20%，高于我国同期风险投资占本国 GDP 的比重，说明风险投资在美国经济中发挥了更为重要的作用。从趋势可以看出，2002 ~ 2010 年，风险投资在我国经济中的重要性一直在提高，但 2010 年后又急剧下降。美国早期阶段项目投资金额占 GDP 的比重也一直高于我国同期。在我国风险投资总量占比急剧上升的年份，如 2008 年和 2010 年，早期阶段项目投资金额占比上升幅度很小，说明我国风险投资在 GDP 中比重的上升，主要是由后期阶段投资金额加大所致。

另外，2002 年的《全球创业监管报告》（GEM，2002）显示，1999 ~ 2001 年，经典的风险投资额[①]占 GDP 的比重，我国在参与统计的全球 31 个国家中排名倒数第一。2005 年的《全球创业监督报告》和 2007 年的《全球风险投资研究》显示，2004 年，我国投资早期阶段项目的风险资本金额占 GDP 的比重全球排名倒数第四（24 个国家参与统计）；2009 年的《全球创业监管报告》显示，2008 年我国早期阶段项目风险投资额占 GDP 比重全球排名第 12 位（31 个国家参与统计，26 个国家有早期阶段项目投资额占比数据），而同年我国总风险投资额占 GDP 比重全球排名第六位。从中可以看出，我国风险投资总量正快速上升，但是我国早期阶段项目风险投资发展相对较慢。

---

① 在较早时期，风险投资按阶段进行划分还不太普遍，按《全球风险投资研究》（2007）的定义，经典的风险投资即指针对早期阶段项目的风险投资。

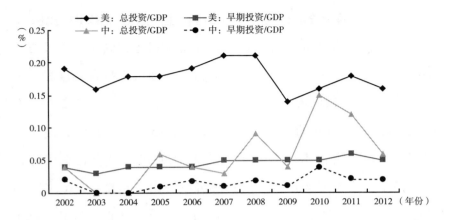

图 4 – 3　中、美两国风险投资占 GDP 比重

说明：图中我国风险投资年度总投资额为年度增加投资额，早期阶段项目投资额为年度投资额乘以当年早期阶段项目投资额占比所得。由于 2003 年和 2004 年我国风险投资年度增加额为负数，因此将这两年的相应占比算作 0。

从上述统计数据可以看出：首先，我国风险投资存在明显的阶段选择分化现象，不同年份间阶段选择的总体偏好有波动，但没有出现特别显著的规律性；其次，我国不同地区间的阶段选择区别较大，各地区不同年份间的阶段选择的稳定性也有较大不同；再次，国外风险投资也存在明显的阶段选择分化，国内外风险投资阶段选择总体偏好的波动既有共性也有差异；最后，2010～2013 年，国外风险投资选择早期阶段项目的投资比例要略高于国内。

第二节　我国风险投资阶段选择产生的影响[*]

Avnimelech 和 Teubal（2006）以及 Cowling 等（2008）的研

---

[*]　本节内容已分别于 2014 年、2015 年公开发表。

究均表明，当风险投资选择不同阶段进入被投企业时，对企业产生的作用是不同的。国内也有少量研究发现的确存在类似现象。但是，国内研究在风险投资阶段选择对企业的影响方面检验内容较为单一，不够全面，且数量很少，结论缺乏稳定性。因此，有必要就我国风险投资阶段选择对企业产生的影响进行全面检验。我国引入风险投资的初衷在于促进创新、创业，推动科技型中小企业发展。如果阶段选择在上述方面对被投企业存在实质性影响，则研究阶段选择的成因，设计措施引导风险投资阶段选择偏好，就具有显著的现实意义。

一　理论分析

我们认为风险投资能够对创业企业产生积极的助推作用，其原因在于：首先，风险投资具备对被投企业实施价值增值的能力；其次，出于利益驱动，风险投资机构有实施增值能力、改进公司价值的意愿。如果阶段选择行为在某种程度上会导致上述两项条件中的任一项发生改变，则我们认为阶段选择行为理论上就会对被投企业产生实质性的影响。

在进行分析之前，我们将做出三项假设，在不影响分析结论的前提下，对分析环境进行简化：首先，我们假设创业企业家是中性的，因为我们研究的视角是从风险投资家的角度入手的，所以暂不考虑创业企业家的特征；其次，假设宏观环境具有中性特征，这是因为我们重点检验的是阶段选择在微观层面的影响；最后，假设风险投资机构是主动参与型的，而不是消极型的。

（一）投资选择与增值效应能力

风险投资的增值效应由如下方面产生：提供资金、增值服务和实施监督管理。是否具备提供资金的能力可从基金规模直接观测到,但是,由于信息不对称,风险投资机构是否具有提供增值服务和实施监督管理的能力,一般人很难获知。只有风险投资机构自己了解是否具备上述能力。

由于风险投资机构能够自主选择投资与否,当风险投资选择投资某一公司,而不是暂时不投资,则说明风险投资在偏好关系上表现为更加偏好进入而不是放弃。根据决策理论——无论是期望效益理论、前景理论还是启发式理论,这种偏好关系都反映出,选择进入公司的风险投资对自身的能力具有高度的信心。考虑到风险投资机构的决策主体是经验丰富的风险投资家或者是集体决策行为,理性程度较高,其持有的信念与其具备的能力应具有较高的一致性。因此,可以从其偏好行为中得出结论:具有投资行为的风险投资机构具有增值效应能力(至少针对该投资公司而言),即,无论是选择早期阶段投资还是后期阶段投资,选择投资行为而不是等待,则说明风险投资机构具有增值效应的能力。

(二) 阶段选择与提升企业价值的意愿

一般来说,处于早期阶段的企业都存在较为严重的资金约束问题,所以对外部资源有强烈需求,以至于风险投资在企业早期阶段进入时,一般具有较强的议价能力,往往可以获得超额股权,即以较少的资金份额获得较大的股权比例。风险投资占有的超额股权比例越大,其将企业价值做大的愿望就会越强烈。如果将 IPO 作为理想的退出渠道考虑,那么风险投资必然也要设法增加公司规模和提升盈利能力,以达到上市要求。因此,风险投资有意愿将自身资源和能力投入到扩大企业规模和提升盈利能力方面。同时，上述财务指标的达成必须要经历较长时间，所以，早期阶段风险投资一般有心理预期，要经历较长的投资期。这样的时间间隔，允许风险投资考虑长远投资，放弃短期利益，比如同意或者促进公司加大研发投入。因此，针对早期阶段项目投资时风险投资有意愿提升企业价值。

当进入成熟期，企业对外界各项资源，尤其是资金需求会大幅下降。后期阶段风险投资在议价能力上会大打折扣，往往难以获得超值股权。这种情况下风险投资不会有额外的动力提供增值服务。由于企业本身在规模和获利能力方面已有一定基础，因此考虑边际效用递减原理，此时即便风险投资有意愿投入这方面的能力和资源，其收效也是甚微的。如果企业有上市机会，风险投资优先考虑的是如何尽快退出，兑现收入。风险投资的主观意愿是兑现企业价值而不是增加企业价值，快速回收资金进入下一轮投资。即便这种策略下企业价值较小，但考虑时间价值和资金运营的效率，以及产生的"声誉"等其他收益，风险投资尽快兑现企业价值的意愿依然会很强烈。因此，选择后期阶段项目投资时，风险资本一般预期有较短的投资期。在较短的投资期内，风险投资不可能考虑企业长远发展，比如加大当期的研发投入。因此，后期阶段风险投资没有增加企业价值的意愿。如果提早兑现企业价值的意愿过于强烈，则存在毁损企业价值的可能。

根据上述分析可以看出，如果风险投资选择在创业企业早期阶段进入，则不但说明其本身具备增值能力，同时也会有意愿实施能力增加企业的价值。但是如果风险投资选择在创业企业后期阶段进入，虽然反映出其也具备增值能力，然而相对于企业自身的发展状况而言，这种能力的增值效应已趋于下降，并且很可能不再具有提供增值能力的意愿，甚至可能存在以毁损企业价值以实现提前回收投资的意愿。

根据理论分析的结果，我们将采用创业板公司的样本数据，检验阶段选择对被投企业科研投入、规模成长和获利能力方面的影响。

二　研究假设

（一）风险投资阶段选择对被投企业研发投入的影响

已有研究表明风险投资对企业研发和产品创新有显著的积极作用（Kortum and Lerner，2000；Hellmann and Puri，2000）。正是因为此项功能，风险投资才被各国政府引进，作为推动科技发展的重要手段。其中以色列是成功复制"硅谷模式"的国家，而其成功就在于风险投资集中投资于科技企业早期阶段（Avnimelech and Teubal，2006）。高科技企业的创新高潮出现在企业初创期，风险投资越早进入被投企业，越有可能帮助企业解决资金约束问题（Fazzari et al.，1988；Bottazzi and Rin，2002），实现创新以及将创新成果产业化，并尽快占领市场。由于高科技产品的网络外部性特征非常明显，因此尽早占领市场就有可能成为同类产品的标准制定者，也就有可能获得更大的市场份额，并有可能实现资金在研发上的再投入，形成良性循环。而较晚获得风险投资资助的企业，在早期无力投入资金实现研发和成果转换，失去占领市场先机后，更无力在随后阶段追加投资进行研发上的超越。这些企业如果能够生存下来，往往在发展过程中会偏离创新发展的初衷，走上传统发展的道路。随着企业的成熟，企业对风险投资的需求下降，风险投资进入企业的成本上升。此时进入企业的风险投资更加倾向于尽早收回投资，因此也没有动力促进被投企业加强研发投入，因为研发投入会降低短期效益，不利于风险投资尽快退出目标的实现。Guo 和 Jiang（2013）研究发现，风险投资参与并没有造成我国企业在研发投入上的显著提高。这一研究结果很可能与我国风险投资在投资阶段选择上偏后有关。因此，提出本书假设4.1。

H4.1：风险投资机构越早进入被投企业，被投企业的研发投入越高。

H4.1a：风险投资在早期阶段或者更早时间进入的企业，研发投入要高于风险投资在后期阶段或者更晚时间进入的企业。

H4.1b：风险投资在早期阶段或者更早时间进入的企业，研发投入要高于没有风险投资进入的企业。

（二）　风险投资阶段选择对企业成长性的影响

大量研究（Rosenbusch et al.，2013；Bertoni et al.，2011；Popov，2014）表明风险投资对被投企业的成长性具有显著的积极影响，表现为风险投资参与的企业在雇员规模和营业收入方面要超出没用风险投资参与的企业。学术界一般认为风险投资参与的企业表现出更优的成长性，是源于风险投资的两种功能：投资前的选择效应和投资后的增值服务。由于具备专业知识和借助特殊模型，风险投资家比其他投资者更有可能选择出具有较高潜在成长性的企业（Hall and Hofer，1993）。创业融资市场本身存在信贷约束问题，也就意味着具备高成长性的企业一旦不能获得风险资本的投资，极有可能没有其他替代的融资渠道。信贷约束的严重性与企业的成立时间负相关，所以风险投资越早进入企业，就使得具备潜在高成长性的企业成活的概率越大。同时，风险投资对企业成长性方面的增值服务非常突出，表现为提供销售网络、人力资源、运营服务和发展战略。越是接近企业早期，风险投资家提供的增值服务越多，对企业成长性的影响越大（Lim and Cu，2012）。因此，提出本书假设4.2。

H4.2：风险投资机构越早进入被投企业，被投企业表现出越高的成长性。

H4.2a：风险投资在早期阶段或者更早时间进入的企业，成长性要高于风险投资在后期阶段或者更晚时间进入的企业。

H4.2b：风险投资在早期阶段或者更早时间进入的企业，成长性要高于没有风险投资进入的企业。

（三）风险投资阶段选择对被投企业获利能力的影响

企业的获利能力由两方面共同构成：收入和成本。在控制了资产规模的前提下，收入越高，成本越低，则表现为企业的获利能力越强。风险投资的增值服务除了表现为增加企业销售收入外，还表现为通过监管和核证效应降低企业的成本。由于存在信息不对称，因此创业企业家有大量机会去损害企业价值，增加个人效用（De Clercq and Sapienza，2001）。风险投资家的监管活动能给被投企业建立更为有效的企业治理机制，带来高质量的会计报表数据，减少利益相关者与企业信息不对称的程度，从而降低企业相关成本。Hand（2005）、Beuselinck 和 Manigart（2007）分别在美国和欧洲市场证明了风险投资通过监管活动所产生的增值效应。同时，风险投资机构的参与向外界传递了一种积极信号，说明被投企业具备优质发展的潜力。这种核证效应（Megginson and Weiss，1991）除了有利于被投企业在 IPO 时降低中介机构服务费外，在企业经营的采购和销售环节也能带来便利。Bertoni 等（2011）研究表明风险投资刚刚完成投资行为之后，对企业的增值效应最大，随后效应递减，但依然存在。因此，在其他条件相同的情况下，风险投资越早进入被投企业，在发展过程中通过增值服务产生的增值效应总量——无论是通过服务建议和人力资源促进企业收入增加，还是通过监管和核证效应降低营运成本——都会更大。所以，提出本文假设4.3。

H4.3：风险投资机构越早进入企业，被投企业的获利能力越强。

H4.3a：风险投资在早期阶段或者更早时间进入的企业，获利能力要高于风险投资在后期阶段或者更晚时间进入的企业。

H4.3b：风险投资在早期阶段或者更早时间进入的企业，获利能力要高于没有风险投资进入的企业。

三　实证检验

（一）数据来源

创业板市场设立的主要目的之一，就是拓宽风险投资的退出渠道，因而在其板块上市的公司中风险投资参与的现象非常突出。本书即以创业板上市公司作为检验样本，数据来源分为三块：一是2009年10月至2012年10月期间创业板上市公司首发招股说明书；二是从万得（Wind）数据库向外公布的风险投资机构投融资事件；三是借助互联网查询的部分公司的成立时间。

其中，反映公司研发投入、成长性和获利能力的被解释变量全部选用公司上市前一年的财务数据。这样做的理由有二。一是为了反映风险投资进入企业后带来的累积影响。Bertoni等（2011）研究表明风险投资对被投企业的影响会随时间递减，但不会立即消失，因此，仅用投资后企业的表现实际上不能反映风险投资产生的累积影响，所以必须选择一个节点，通过该节点上的财务数据反映风险投资的累积表现。风险投资退出之后，其他融资渠道将接替风险资本对企业发挥财务和非财务支持（除了清算退出）的作用。因此，退出之前年份被投企业的财务表现可反映出风险投资的累积影响。在我国，IPO 是风险投资最成功，也是呈现增长趋势，并且较为普遍的退出方式。应该说，用 IPO 前一年的财务数据反映风险投资的累积效应最具有代表性。二是避免可能存在的内生性问题。风险投资进入被投企业有可能会提升该企业的上述财务数据；同时，当企业表现出优质的财务特征时也会吸引风险投资的参与。选用公司上市前一年的财务数据作为被解释变量，则在因果关系上能保证财务数据特征是之前进入的风险投资对它造成的结果，而不存在相反的关系。

2014 年 IPO 重启后上市的公司未列入本次研究样本，剔除招股说明书中信息不详或不全的公司后，符合要求的样本公司共计 346 家。

（二）变量指标

1. 被解释变量

研发投入。本书用公司 IPO 前一年的"无形资产占净资产比率"指标表示其研发投入。其中无形资产是指"扣除土地使用权、水面养殖权和采矿权等"价值后的价值。

公司成长性。参照现有研究（Guo and Jiang，2013；Bertoni et al.，2011），以及为反映本研究的主旨——检验风险投资阶段选择不同所产生的累积效用差异，同时体现企业成长速度的快慢，本书分别用公司"IPO 前一年的营业收入除以企业成立至 IPO 前的时间"的对数，和"IPO 前一年的雇员人数除以企业成立至 IPO 前的时间"的对数，来反映被投企业的成长性。对于在更短的时间内达到相同雇员规模和销售规模，或者在相同的时间内达到更大雇员规模和销售规模的企业，我们才能将其视为具有更高的成长性。

盈利能力。参照现有研究，本书用公司"IPO 前一年的净资产收益率"指标表示公司的盈利能力。其中用于计算指标的净利润是"扣除非经常性损益后属于公司普通股股东的净利润"。

2. 解释变量

有无风险投资参与。虽然本书的重点在于检验有风险投资参与的公司样本中阶段选择对公司的影响，但我们还是希望了解有、无风险投资参与的样本组之间是否存在差异。设有风险投资参与时变量取值为 1，没有风险投资参与时变量取值为 0。

风险投资参与时间。在有风险投资参与的子样本中，用风险投资进入企业的时间点减去公司成立的时间点代表该指标。若样本公司存在联合投资或多轮投资，以首次投资发生时间点作为进入时间点进行计算。对于没有风险投资参与的样本，可将其看作风险投资是在公司成立后无穷远时进入公司，对应的参与时间指标，可用远大于有风险投资参与的样本中实际的参与时间数值（例如 100 年）来代替。预计该系数显著为负。

风险投资阶段选择。本书设置虚拟变量代替"风险投资参与时间"这一连续变量，来表示风险投资是不是在早期阶段进入企业的。根据 Avnimelech 和 Teubal（2006）的定义，从公司成立到其发展的第五年为早期阶段。设置两个虚拟变量：风险投资参与时间小于等于 5 时，第一个虚拟变量取值为 1，其他情况下虚拟变量取值皆为 0，表示在早期阶段进入企业的风险投资；有风险投资参与但参与时间大于 5 时，第二个虚拟变量取值为 1，其他情况下虚拟变量取值皆为 0，表示在后期阶段进入企业的风险投资。参照组为没有风险投资参与的企业。预计代表风险投资在早期阶段进入企业的虚拟变量系数显著为正，而代表风险投资在后期阶段进入企业的虚拟变量系数不能判断。

3. 控制变量

是否联合投资。虚拟变量。样本公司中有超过一家的风险投资机构参与即界定为联合投资，变量取值为 1；只有一家风险投资机构参与，或没有风险投资公司参与的取值为 0。联合投资行为作为一种表征，既可以代表更强的核证效应（Megginson and Weiss, 1991），反映出风险投资对被投企业的增值效应，也可以代表更强的选择行为（Sorenson and Stuart, 2001），与增值效应无关。联合投资主要反映哪种效应也受到联合投资进入企业的时间影响。如果风险投资在企业成长期或创立早期时进入，联合投资具有"筛选""核证""资源共享""增值服务"优势（李玉华、葛翔宇，2013）。而当风险投资投资于企业成熟期时，核证效应不能发挥作用（李曜、张子炜，2011）。根据我国风险投资目前的投资现状，联合投资应该反映少量核证效应与大量选择行为的混合影响。但是，无论代表哪种效应或行为，在公司绩效上联合投资的企业都应该表现出更好的特征，因此，预测该变量系数为正。

是否进入董事会。虚拟变量。在有风险投资参与的子样本中，如果招股说明书中"董事简要情况"章节提及投资本公司的风险投资机构现任人员担任本公司的董事职务，则该虚拟变量取值为 1，其他情况取值为 0。风险投资进入董事会，能更大程度地发挥风险投资机构对企业的影响，但这种影响很可能是双向的。风险投资在早期阶级进入企业并进入董事会，有可能更好地明确企业发展方向和战略，使企业产生更好的绩效表现。但如果风险投资在后期阶段进入企业并进入董事会，它利用其在董事会的影响力实现的第一要务，将是尽快推动企业上市退出，寻求短期回报和资本的迅速回收（陈工孟等，2011）。此时，风险投资进入董事会只会对被投企业产生更大的负面影响（Gomper，1996）。因此，该变量的系数方向暂时无法预测。

滞后一期资产负债率。资产负债率作为反映公司财务杠杆的指标，会影响到资金成本和公司价值，因此对公司的盈利能力会产生影响。由于被解释变量选取的是 IPO 前一年的数据，因此为了避免内生性问题，资产负债率选取滞后于被解释变量的数据，即 IPO 前两年的数据，该数据来源于公司首发招股说明书。

滞后一期单位资产营业收入。前期的营业收入是当期的研发投入的来源，也是形成下期盈利能力的基础。为了克服公司规模差异的影响，本书用 IPO 前两年的营业收入除以总资产的百分比表示该指标。数据来源同上。

滞后一期公司规模。前期的公司规模是形成当期销售能力和雇员规模的基础。本书用 IPO 前两年的公司总资产的对数表示该指标。数据来源同上。

滞后一期雇员人数。前期的雇员人数对当期销售规模有影响。本书用 IPO 前两年的公司雇员人数的对数表示该指标。数据来源同上。

滞后一期销售规模。前期的销售规模对当期雇员规模有影响。本书用 IPO 前两年的公司营业收入的对数表示该指标。数据来源同上。

滞后一期的单位资产雇员人数。如果单位资产对应的雇员人数越多，那么公司越有可能是劳动密集型公司，研发投入将会越少。如果单位资产对应的雇员人数越少，那么公司必须依靠更多的研发投入来支撑公司的发展。本书用 IPO 前两年的雇员人数对数除以总资产对数的百分比表示该指标。数据来源同上。

所属行业。虚拟变量。不同行业的公司在各项财务指标上有着很大的区别。Rosenbusch 等（2013）甚至认为一旦控制行业影响，原先风险投资产生的正面影响将荡然无存，所以他们认为，风险投资的识别能力主要表现在行业选择上，而不是公司选择上。本书根据中国证监会《2014 年一季度行业分类结果表》进行样本行业分类。考虑到不损失太多的自由度，样本的行业划分仅划分到一级分类，共计 13 个行业。

宏观经济。虚拟变量。公司表现受宏观经济影响较大。而在样本公司取值期间（2009～2012 年）我国宏观经济刚好呈现较大波动，可能会对公司绩效表现形成冲击。所以，本书用年度时间虚拟变量来反映年度宏观因素的综合影响。

所有变量指标的定义、计算和数据来源见表 4－6。

表 4－6　变量汇总

变量名	符号	指标描述	数据来源	系数
因变量				
研发投入	R&D	IPO 前一年的无形资产（扣除土地使用权、水面养殖权和采矿权等）占净资产比率	招股说明书	
雇员规模	EMPY	IPO 前一年的雇员人数除以公司成立至 IPO 前的时间,商取对数	招股说明书	
销售规模	SALEY	IPO 前一年的营业收入除以公司成立至 IPO 前的时间,商取对数	招股说明书	
盈利能力	ROE	IPO 前一年的净资产收益率（用扣除非经常性损益后归属于公司普通股股东的净利润计算）	招股说明书	

续表

变量名	符号	指标描述	数据来源	系数
自变量				
有无风险投资	VC	虚拟变量,样本公司有风险投资机构参与取值为 1	招股说明书;万得数据库	正
参与时间	TIME	最早进入公司的风险投资的投资时间点减去公司成立时间点;没有风险投资参与的样本该指标等于 100	招股说明书;万得数据库;互联网	负
投资阶段	EARLY/LATER	虚拟变量,TIME 小于等于 5,EARLY 取值为 1;TIME 大于 5 小于 100,LATER 取值为 1;TIME 等于 100,虚拟变量取值为 0	招股说明书;万得数据库;互联网	正
控制变量				
是否联合投资	UNION	虚拟变量,样本公司有超过一家风险投资机构进入,取值为 1	招股说明书;万得数据库	
是否进入董事会	BOARD	虚拟变量,样本公司董事中有投资本公司的风险投资机构现任成员,取值为 1	招股说明书;万得数据库	
滞后一期资产负债率	LLEV	IPO 前两年样本公司的资产负债率	招股说明书	
滞后一期单位资产营业收入	LSU	IPO 前两年样本公司营业收入除以资产总额的百分比		
滞后一期公司规模	LASSET	IPO 前两年样本公司的资产总额对数	招股说明书	
滞后一期雇员人数	LEMP	IPO 前两年样本公司的雇员人数对数	招股说明书	
滞后一期销售规模	LSALE	IPO 前两年样本公司的营业收入对数	招股说明书	
滞后一期单位资产雇员人数	LEU	IPO 前两年样本公司雇员人数对数除以资产总额对数的百分比		
所属行业	IND_i	虚拟变量,根据证监会行业分类结果表进行样本行业分类。行业仅划分到一级分类	证监会网站	
所属年份	$YEAR_t$	虚拟变量		

（三）研究方法

为了避免内生性问题，被解释变量采用了公司 IPO 前一年的数据，解释变量取值发生在 IPO 前一年之前，控制变量使用的是滞后变量。这样在因果关系上保证不可能存在因果倒置关系。为防止样本异方差，本书采用稳健标准差估计的 OLS 方法。多重共线性检验和遗漏变量检验，也能保证模型不存在严重共线性和模型设定问题。待检验模型如下。

$$R\&D/EMPY/SALEY/ROE$$
$$= \partial + \beta_1 LATER + \beta_2 UNION + \beta_3 BOARD + \sum \beta_i COMPANY_i$$
$$+ \sum \beta_j IND_j + \sum \beta_k YEAR_k + \varepsilon \qquad (4-1)$$

$$R\&D/EMPY/SALEY/ROE$$
$$= \partial + \beta_1 TIME + \beta_2 UNION + \beta_3 BOARD + \sum \beta_i COMPANY_i$$
$$+ \sum \beta_j IND_j + \sum \beta_k YEAR_k + \varepsilon \qquad (4-2)$$

$$R\&D/EMPY/SALEY/ROE$$
$$= \partial + \beta_1 VC + \beta_2 UNION + \beta_3 BOARD + \sum \beta_i COMPANY_i$$
$$+ \sum \beta_j IND_j + \sum \beta_k YEAR_k + \varepsilon \qquad (4-3)$$

$$R\&D/EMPY/SALEY/ROE$$
$$= \partial + \beta_1 EARLY + \beta_2 LATER + \beta_3 UNION + \beta_4 BOARD + \sum \beta_i COMPANY_i$$
$$+ \sum \beta_j IND_j + \sum \beta_k YEAR_k + \varepsilon \qquad (4-4)$$

检验模型中 COMPANY 代表影响各被解释变量的公司层面控制变量。模型 4-1 和模型 4-2 用有风险投资参与的子样本进行检验。另外，模型 4-2、模型 4-3 和模型 4-4 用包含无风险投资参与的全样本进行检验。

（四）统计性描述

样本公司中"无形资产占净资产比率"平均为 1.8%，最高达到47.3%，最低为0。可见，不同公司在研发投入方面相差很大。雇员规模成长最快的公司速度是最慢的公司的两倍。样本公司中销售规模的成长速度比较接近。盈利能力相差很大，平均净资产收益率为34.2%，但是盈利能力最强的公司达到了113%，是盈利能力最差的公司的10倍。样本公司中有七成以上的公司有风险投资机构参与。在有风险投资公司参与的子样本中，风险投资机构一般是在公司成立7年后才进入。属于早期阶段项目投资的只占子样本的33%，67%属于后期阶段投资。有风险投资参与的样本中联合投资行为占到69%，风险投资机构进入董事会的比例占到子样本的68%。变量具体的描述性统计信息见表4-7。

表4-7 变量指标描述性统计

变量	观察值（obs）	均值（mean）	标准差（sd）	最小值（min）	最大值（max）
R&D	338	1.82	4.12	0.00	47.33
EMPY	344	3.86	0.84	2.00	6.33
SALEY	346	17.11	0.71	15.38	19.47
ROE	346	34.16	13.92	11.68	113.02
VC	346	0.71	0.46	0.00	1.00
TIME	245	7.40	4.34	0.00	23.00
EARLY	245	0.33	0.47	0.00	1.00
LATER	245	0.67	0.47	0.00	1.00
UNION	245	0.69	0.46	0.00	1.00
BOARD	244	0.68	0.47	0.00	1.00
LLEV	346	42.61	17.03	3.05	89.46
LSU	346	96.51	45.07	12.78	339.91
LASSET	346	19.08	0.66	17.13	21.45
LEMP	270	5.76	0.75	3.53	7.83
LSALE	346	18.96	0.69	16.62	21.17
LEU	270	30.18	3.55	18.78	39.54
$YEAR_t$	346	2010	0.85	2008	2011

（五）检验结果与解读

首先，我们在有风险投资进入的公司子样本中，检验风险投资阶段选择产生的影响。其中模型 1 ~ 4 是用虚拟变量代表阶段选择行为进行检验，模型 5 ~ 8 是用风险投资进入公司的时间连续变量代表阶段选择行为进行检验。具体检验结果见表 4 - 8。

表 4 - 8　子样本回归结果

自变量	因变量							
	1	2	3	4	5	6	7	8
	R&D	EMPY	SALEY	ROE	R&D	EMPY	SALEY	ROE
LATER	-0.72 (0.76)	-0.57*** (0.11)	-0.48*** (0.08)	-3.42 (2.15)				
TIME					-0.02 (0.05)	-0.07*** (0.01)	-0.07*** (0.01)	-0.42* (0.24)
UNION	0.76 (0.51)	0.07 (0.11)	0.01 (0.08)	-2.92 (1.89)	0.81 (0.52)	0.05 (0.11)	0.01 (0.07)	-3.00 (1.91)
BROAD	-0.36 (0.49)	-0.11 (0.12)	-0.14 (0.09)	-2.78 (2.18)	-0.39 (0.48)	-0.13 (0.11)	-0.17** (0.08)	-2.95 (2.16)
LLEV				0.13** (0.06)				0.14** (0.06)
LSU	-0.02** (0.01)			0.09*** (0.02)	-0.02** (0.01)			0.09*** (0.02)
LASSET		0.23 (0.14)	0.55*** (0.07)			0.28** (0.14)	0.55*** (0.07)	
LEMP		0.18*** (0.06)				0.17*** (0.06)		
LSALE		0.37** (0.15)				0.34** (0.15)		
LEU	-0.17 (0.10)				-0.18* (0.11)			
IND	控制	控制	控制	控制	控制	控制	控制	控制

自变量	因变量							
	1	2	3	4	5	6	7	8
	R&D	EMPY	SALEY	ROE	R&D	EMPY	SALEY	ROE
YEAR	控制	控制	控制	控制	控制	控制	控制	控制
常数项	7.01 ** (3.26)	7.24 *** (1.49)	6.58 *** (1.26)	30.21 *** (4.44)	6.99 ** (3.20)	7.49 *** (1.46)	6.11 *** (1.20)	30.77 *** (4.61)
样本数	185	240	189	242	185	240	189	242
R^2	0.16	0.36	0.53	0.17	0.16	0.38	0.58	0.17
prob > F	***	***	***	***	***	***	***	***
VIF	1.29	1.49	1.30	1.30	1.36	1.57	1.38	1.37

注：*** 表示在 1% 置信水平上显著；** 表示在 5% 置信水平上显著；* 表示在 10% 置信水平上显著。

模型 1 和模型 5，LATER 系数和 TIME 系数的方向均为负。无论是用虚拟变量还是连续变量进行检验，风险投资在早期阶段或者更早的时间进入公司，都能够促进公司形成更多的研发投入，但是这样的影响没有达到显著效果。可以说本书假设 H4.1a 基本得到了验证。

模型 2、模型 3、模型 6 和模型 7，LATER 系数和 TIME 系数均在 1% 的置信水平上显著为负。无论是用虚拟变量还是连续变量进行检验，风险投资在早期阶段或者更早的时间进入公司，都能够促进公司在单位时间内达到更大的人员规模和销售规模，表现出更高的成长性。本书假设 H4.2a 得到验证。

模型 4 和模型 8，LATER 系数和 TIME 系数方向均为负，TIME 系数在 10% 的置信水平上显著。无论是用虚拟变量还是连续变量进行检验，风险投资在早期阶段或者更早的时间进入公司，都能促进公司提高自身的盈利能力。本书假设 H4.3a 得到验证。

子样本模型 1 ~ 模型 8 的检验结果总体反映出投资阶段（时间）选择的确对公司绩效产生了影响，尤其是在成长性和获利能力方面。当风险投资选择早期阶段或者更早时间进入公司，会对被投公司绩效产生正向影响；而在后期阶段或者上市前夕进入被投公司，则会产生负效应，降低被投公司的绩效。从系数绝对值大小和显著性来看，Rosenbusch 等（2013）的结论依然成立，即虚拟变量作为解释变量，检验效果要好于连续变量。

其次，利用全部样本进行回归分析。其中模型 1 ~ 模型 4 是以"有无风险投资"为解释变量进行检验；模型 5 ~ 模型 8 是以虚拟变量划分投资阶段为解释变量进行检验；模型 9 ~ 模型 12 是以连续变量反映投资阶段选择作为解释变量进行检验。检验结果见表 4 - 9。

模型 1 ~ 模型 4 检验结果给人的整体感觉是，在我国，有或没有风险投资进入的公司在绩效表现方面几乎没有区别，风险投资的参与并没有发挥政策期许的效果。

模型 5，EARLY 系数和 LATER 系数的方向为负，均不显著。在研发投入方面，风险投资在早期阶段进入的公司，和风险投资在后期阶段进入的公司，都略低于没有风险投资进入的公司。本书假设 H4.1b 未能通过验证。

模型 6，EARLY 系数在 5% 的置信水平上显著为正，说明投资于公司早期阶段的风险投资相较于没有风险投资进入的公司而言，显著地提高了被投资公司在单位时间内所达到的人员规模。LATER 系数在 10% 的置信水平上显著为负，说明投资于公司后期阶段的风险投资起到了相反的作用，降低了被投资公司在单位

表4-9 全样本回归结果

自变量	因变量											
	1	2	3	4	5	6	7	8	9	10	11	12
	R&D	EMPY	SALEY	ROE	R&D	EMPY	SALEY	ROE	R&D	EMPY	SALEY	ROE
VC	-0.70 (0.68)	-0.06 (0.13)	0.06 (0.12)	3.88 (2.47)								
EARLY					-0.01 (0.88)	0.33** (0.15)	0.44*** (0.12)	6.46** (2.78)				
LATER					-0.95 (0.71)	-0.22* (0.13)	-0.08 (0.11)	2.88 (2.55)				
TIME									0.01 (0.01)	0.001 (0.001)	-0.001 (0.001)	-0.05* (0.03)
UNION	0.88* (0.50)	0.15 (0.12)	0.05 (0.09)	-2.25 (1.89)	0.79 (0.49)	0.09 (0.11)	-0.001 (0.06)	-2.63 (1.90)	0.86* (0.51)	0.11 (0.12)	0.02 (0.09)	-2.49 (1.89)
BROAD	-0.12 (0.48)	-0.10 (0.12)	-0.14 (0.10)	-2.93 (2.13)	-0.10 (0.49)	-0.09 (0.11)	-0.14* (0.08)	-2.88 (2.14)	-0.14 (0.48)	-0.13 (0.12)	-0.17* (0.09)	-3.13 (2.13)
LLEV				0.10** (0.05)				0.10*** (0.05)				0.10*** (0.05)
LSU	-0.01 (0.01)			0.10*** (0.02)	-0.01 (0.01)			0.10*** (0.02)	-0.01 (0.01)			0.10*** (0.02)

续表

自变量	1	2	3	4	5	6	7	8	9	10	11	12
因变量	R&D	EMPY	SALEY	ROE	R&D	EMPY	SALEY	ROE	R&D	EMPY	SALEY	ROE
LASSET		0.12 (0.12)	0.51*** (0.07)			0.11 (0.11)	0.52*** (0.06)			0.13 (0.12)	0.51*** (0.07)	
LEMP			0.17*** (0.06)				0.21*** (0.05)				0.17*** (0.06)	
LSALE		0.40*** (0.12)				0.45*** (0.11)				0.40*** (0.12)		
LEU	-0.16* (0.09)				-0.16* (0.09)				-0.16* (0.09)			
IND	控制	控制	控制	控制	控制	控制	控制	控制	控制	控制	控制	控制
YEAR	控制	控制	控制	控制	控制	控制	控制	控制	控制	控制	控制	控制
常数项	6.31** (2.83)	6.12*** (1.30)	6.37*** (1.12)	23.98*** (3.33)	5.88** (2.74)	6.73*** (1.28)	5.99*** (1.07)	23.64*** (3.26)	5.61** (2.69)	6.16*** (1.29)	6.46*** (1.12)	28.46 (3.81)
样本数	262	341	268	343	262	341	268	343	262	341	268	343
R^2	0.11	0.24	0.40	0.15	0.11	0.31	0.48	0.16	0.11	0.24	0.41	0.16
prob>F	***	***	***	***	***	***	***	***	***	***	***	***
VIF	1.35	1.57	1.37	1.37	1.43	1.64	1.45	1.45	1.35	1.57	1.37	1.37

注：*** 表示在 1% 置信水平上显著；** 表示在 5% 置信水平上显著；* 表示在 10% 置信水平上显著。

时间内形成的雇佣规模，使得被投公司的成长性低于没有风险投资进入的公司。

模型 7，EARLY 系数在 1% 的置信水平上显著为正，说明投资于公司早期阶段的风险投资相较于没有风险投资进入的公司而言，显著地提高了被投资公司在单位时间内所达到的销售规模。LATER 系数为负，但不显著，至少说明投资于后期阶段的风险投资，相较于没有风险投资进入的公司而言，在提高被投公司单位时间内所能达到的销售规模方面没有发挥作用，甚至起到了相反的作用。模型 6 和模型 7 说明本书假设 H4.2b 得到了验证。

模型 8，EARLY 系数在 5% 的置信水平上显著为正，说明投资于公司早期阶段的风险投资相较于没有风险投资进入的公司，显著地提高了被投资公司的获利能力。LATER 系数为正，但不显著。选择在后期阶段进入的阶段选择行为，使得风险投资对被投公司盈利能力的正面影响大大减弱。本书假设 H4.3b 得到了验证。

模型 5～模型 8 的检验结果总体上反映出这样的特征：一旦将有风险投资进入行为区分为早期阶段项目投资和后期阶段项目投资，则风险投资对被投公司产生的影响是有很大区别的。在公司的研发投入、成长性和盈利能力方面，尤其是成长性和盈利能力方面，早期阶段项目风险投资都会产生明显的增值效应，被投公司表现出比没有风险投资参与的公司更好的绩效表现。如果属于后期阶段项目风险投资，那么风险投资产生的增值效应不但大打折扣，有的时候还产生明显的反作用，使得有风险投资进入的公司在绩效表现上还不如没有风险投资进入的公司。本书的研究结果证实了 Cowling 等（2008）的说法：风险投资对后期阶段的投资，不但没有产生增值效应，反倒对被投公司产生了价值毁损。

现在再去看模型1~模型4的结果，我们就会得出不同的结论：我国广义的风险投资没有发挥作用，是由其中投资后期阶段项目的风险投资"拖后腿"所导致的。实际上，在我国"经典的风险投资"或"狭义的风险投资"对公司绩效正发挥着显著的增值效应，尤其是在公司的成长性和盈利能力方面。如果我们不从风险投资的阶段选择角度进行类别区分，那么我们就会忽视早期阶段项目风险投资所产生的正效应和后期阶段项目风险投资所带来的负效应。

模型9~模型12的检验结果显示总体上TIME系数非常小，方向不稳定，影响不显著，再次弱化了风险投资阶段选择所产生的影响这一现象。这样的结果并不出人意料，正是因为后期阶段项目风险投资产生的负面影响，导致部分有风险投资进入的公司绩效低于没有风险投资进入的公司，弱化了TIME与因变量之间的线性关系，所以表现出当前的结果。本书的检验结果不但证明了Rosenbusch等（2013）的结论，而且拓展了结论范围——不再是描述投资量或投资比率方面，在投资进入公司时间（阶段）方面也符合这一特征：在检验中，虚拟变量比连续变量更显著。综合子样本和全样本的检验结果来看，可以说本书的假设4.1得到了部分验证，假设4.2和假设4.3均通过了验证。

四　结论

实证检验结果表明：①在有风险投资参与的子样本中，风险投资进入风险企业的时间越早，则越能促进风险企业进行更多的研发投入，显著提升风险企业的成长性，显著提升企业的获利能力；②在包括没有风险投资参与的全样本中，风险投资在企业后期阶段进入，企业的成长性比没有风险投资参与的企业更差，企业的获利能力与没有风险投资参与的企业相差无几；③风险投资选择在风险企业后期阶段进入，导致的助推作用下降，乃至产生了一定的副作用，降低了风险投资总体的助推经济的效果，是我国风险投资对被投资企业影响不显著的主要原因；④在实证检验中，使用虚拟变量检验时，风险投资阶段选择产生的效果更明显。

国内相关研究中，李曜、张子炜（2011）认为核证效应能否发挥作用，是与风险投资进入企业的时间有关的。李玉华、葛翔宇（2013）则认为：投资于企业成长期或创立早期的风险投资，IPO后业绩更加出色。苟燕楠、董静（2013）发现风险投资进入企业时间越早，越有利于企业的技术创新。我们的研究结论与上述研究基本一致，但我们同时检验了阶段选择对被投企业的研发投入、规模成长和获利能力的影响，这是之前研究所未涉及的。因此，我们的结论更具全面性和代表性。

何平等（2008）研究表明，我国企业的平均寿命在6～8年。我们选择的样本公司中风险投资平均是在企业成立7年左右才进入。应该说，我国风险投资选择的投资阶段明显偏后。风险投资区别于一般投资（或称之为传统投资）最为重要的特征就是投资阶段上更加逼近于实验室。在风险投资概念不断泛化的世界背景下，以及偏好IPO前突击入股的我国环境中，如果不考虑风险投资的阶段选择问题，那么很有可能对风险投资的实际作用做出误判。当前我国风险投资总量已经接近全球前列，但是从投资阶段选择上评判风险投资的质量还不尽人意。从国家层面颁布的政策频率来看，政府对风险投资的促进作用寄予了厚望，但是如果只注重推进投资数量增加，而不考虑投资质量，即投资的阶段选择问题，则风险投资将很难在我国发挥实效。

本章小结

通过定量分析可以看出，首先，我国风险投资存在明显的阶段选择分化现象，不同年份间阶段选择的总体偏好有波动，但没有显现特别显著的规律性；其次，我国不同地区间的阶段选择区别较大，各地区不同年份间的阶段选择的稳定性也有较大不同；再次，国外风险投资也存在明显的阶段选择分化，国内外风险投资阶段选择总体偏好的波动既有共性也有差异；最后，2010 ~ 2013 年，国外风险投资选择早期阶段项目的投资比例要高于国内。

实证检验结果表明：①在有风险投资参与的子样本中，风险投资进入风险企业的时间越早，则越能促进风险企业进行更多的研发投入，显著提升风险企业的成长性，显著提升企业的获利能力；②在包括没有风险投资参与的全样本中，风险投资在企业后期阶段进入，企业的成长性比没有风险投资参与的企业更差，企业的获利能力与没有风险投资参与的企业相差无几；③风险投资选择在风险企业后期阶段进入，导致的助推作用下降，乃至产生了一定的副作用，降低了风险投资总体的助推经济的效果，是我国风险投资对被投资企业影响不显著的主要原因；④在实证检验中，使用虚拟变量检验时，风险投资阶段选择产生的效果更明显。

　　本章定量分析和实证检验表明：首先，我国风险投资的确存在阶段选择现象，且没有表现出明显的规律性；其次，这种选择行为对被投企业的绩效会产生实质性的影响。因此，深入研究这种选择行为的形成机制，对于政府拟定有效的引导政策，提升中国风险投资的投资质量，以及更好发挥经济助推作用方面，具有非常显著的现实意义。

第五章　默会知识影响阶段选择的
实证检验：微观层面

　　本章的任务是在微观层面检验默会知识对阶段选择的影响，对第三章理论分析进行验证。本章的总体检验思路为，首先检验决策团队进入机构之前形成的默会知识对机构首次投资阶段选择的影响（直接影响），然后再以决策团队进入机构前后共同形成的默会知识，检验其对机构总体投资选择策略的影响（直接影响和间接影响）。

　　本章主要内容如下：①检验默会知识对机构首次投资阶段选择的影响；②检验默会知识对机构总体投资策略的影响；③本章小结。

第一节　默会知识影响首次投资阶段选择的检验

一　以首次投资阶段选择作为因变量的原因

（一）克服现有研究设计中存在的缺陷

第一，在现有研究中（Dimov et al. , 2007；Patzelt et al. ,

2009；李严等，2012），学者们检验的对象是风险投资机构的总体投资策略。而解释变量是决策团队个人介绍中的经历和学历背景，这些个人信息往往披露的是决策团队进入该机构之前的从业信息和教育背景。也就是说学者们是用决策团队进入机构之前形成的默会知识和人力资本，来检验其对机构总体投资策略的影响，这显然忽略了决策团队进入机构后的前期投资经验对后续投资策略的影响。尽管这些研究中用机构存在的年限作为控制变量，代表"干中学"产生的影响，但这样的变量选取是不恰当的，因为不同的机构在相同时间长度内的投资频率是差异巨大的。如果我们强调经验——默会知识——的具身性特点，我们将很难认同一个投资数十起的机构，会与一个只投资一起的机构具有相同的经验，即便是它们成立的年限相同。所以这样的控制变量设计并不能解决遗漏变量问题。这是设计缺陷之一。

第二，现有研究中，关于风险投资阶段选择的界定（因变量值的确定）是按照如下方法确定的："投资案例均为早期阶段，或者是至少涉及早期阶段中的两个阶段，而其他投资阶段仅为发展期时"（Patzelt et al.，2009）定义为偏好早期阶段投资；"投资于早期企业的事件数占机构投资事件总数的比例大于25%、投资于早期和发展期企业的事件数占机构投资事件总数的比例大于50%"（李严等，2012）定义为偏好早期阶段投资。然而这样的界定，使得样本机构的研究年限选取会直接影响到因变量的取值，例如，当选取的研究年限为5年时，某个样本机构根据其发生的投资事件特征，可界定为偏好早期阶段项目投资；当扩展为6年时，其投资事件特征有可能将其归为偏好后期阶段项目投资的机构，从而导致研究结论缺乏稳健性。

如果我们的研究目标是检验默会知识对阶段选择行为的影响，则决策团队进入机构之前的默会知识最可能、最直接、最纯粹的影响对象应该是风险投资机构的首次投资行为，它不像总体投资策略会受到"干中学"的影响。

学者们之所以要用总体投资策略作为因变量，可能的原因在于排除一次性决策中随机因素的影响。然而这样的担忧是多余的，因为大样本的首次投资案例检验中随机因素会被抵消，不会对默会知识的作用产生实质性的干扰。

同时，一旦采用首次投资选择行为定义因变量，则因变量的取值是确定性的，不会因为研究观测期的改变和选取发生变化，研究结论更加具有可靠性。

（二）强调首次投资影响总体投资策略形成的特殊地位

1. "颤抖手"对首次投资决策的影响最大

Selten（1975）假定，在博弈中存在一种数值极小但又不为0 的概率，即在每个博弈者选择对他来说所有可行的一项策略时，可能会偶尔出错，这就是所谓的"颤抖手"。假设风险投资机构的投资过程中始终存在"颤抖手"的可能，那么随着投资次数的积累，发生"颤抖手"的概率会下降，因为随着经验积累误差影响会降低。至少我们可以说首次投资发生"颤抖手"的概率不低于后续投资的任何一次。关键在于如果首次投资决策受"颤抖手"的影响最大，而首次投资的经历和结果反馈会对决策团队形成"交互式"影响，则很可能对后续的总体投资策略形成重大影响。也就是说，首次投资决策中的"颤抖"，对后续总体投资策略的影响，相较于发生的其他投资案例而言，有本质区别。

2. 首次投资经历会导致"投资惯性"

国内外研究（Madrian and Shea，2001；Guiso et al.，2002；Agnew et al.，2003；Choi et al.，2004；李涛，2007；谢赤等，2008；黄德海、胡智，2006）显示，在进行投资决策时个体会呈现出惯性模式，或者有很强的维持已有投资选择的趋势（Samuelson and Zeckhauser，1988）。理性选择假说（Choi et al.，2005）和行为偏见假说（Baker et al.，2007）表明无论我们假设决策主体理性程度如何，"投资惯性"都会发生。理性疏忽理论（Sims，2003）则充分解释了首次投资选择对总体投资策略的影响机制：如果首次投资选择的是早期阶段项目，则下次面临选择时，决策者感觉处理早期阶段项目所花费的信息处理能力会更少（因为熟悉），即影子价格会更低，在早期阶段项目上分配的信息处理能力会更多。由于决策者的信息处理能力是有限的，因此有关后期阶段项目的信息会被决策者选择性忽略掉。所以，首次投资选择行为的重要性是不能和后续投资决策混为一谈的。

综上所述，以首次投资阶段选择作为因变量，一方面，可以更可靠地检验默会知识对阶段选择的影响；另一方面，首次投资阶段选择的特殊性也决定了将其与后续投资行为混为一谈是不合适的。

二　研究假设

（一）专业经历与阶段选择

波兰尼（1969）强调身体是认知的本源。所以，一谈到默会知识最容易让人们想到的就是专业经历。专业经历即为默会知识中的辅助项细节。因此，哈耶克（1945）也将默会知识称之为有关"特定时间和特定地点的知识"。

早期阶段项目中最大的不确定性来自风险投资与创业团队之间的信息不对称（Tyebjee and Bruno, 1984; Timmons and Spinelli, 2003）。缺乏历史信息，或者创业团队有意识地掩饰，使风险投资家很难直接判断（认识）创业团队的管理能力。如果风险投资决策团队自身具有创业经验，则可利用自己曾经的创业经历，通过交谈或者肢体语言等辅助项细节，间接对创业团队的管理能力有更准确的评估，降低信息不对称。同时，由于"心理热键"现象的存在，有创业经历的风险投资家在判断潜在创业项目的可行性时也会更加有信心。如果不具备此类经验，那么风险投资更有可能对所有早期阶段项目一致持否定态度。因此，提出假设 5.1a。

H5.1a：决策团队中有创业经历的成员占比越高，首次投资选择早期阶段项目的概率越大。

对受资企业而言，在早期阶段获得融资非常重要，在早期阶段获得的首轮融资更是重中之重。对风险投资而言，早期阶段项目投资固然面临较大不确定性，但对企业进行早期阶段 A 轮投资，则要面临更大的不确定性。因此，理论上，既属于早期阶段投资又属于 A 轮投资时，风险投资面临最大的不确定性；早期阶段投资但同时属于后续投资时不确定性次之；后期阶段中的 A 轮投资再次之；后期阶段中的后续轮次投资不确定性最小。因此，提出假设 5.1b。

H5.1b：决策团队中有创业经历的成员占比越高，首次投资选择早期阶段项目 A 轮投资的概率越大。

申请风险投资的创业项目往往都涉及新的发明创造。风险投资决策团队成员如果有过研发经历，则相对于其他工作经历，其对早期阶段项目中的科技含量、创新程度，以及发明成果向产品转化的成功率方面，都会有更精确的评估。这种能力对于风险投资选择早期阶段项目，同时具有两方面的影响：一方面，如果科技成果的确有价值，这种能力可以确保风险投资更大概率地选择早期阶段项目；另一方面，由于具有研发经验，因此这类风险投资家可能在评估科技成果方面更加苛刻，形成所谓行业标杆（汉斯，2007），从而增加排除此类早期阶段项目的概率。本书更倾向于科研经历能带来正面影响，提出假设 5.2。

H5.2a：决策团队中有研发经历的成员占比越高，首次投资选择早期阶段项目的概率越大。

H5.2b：决策团队中有研发经历的成员占比越高，首次投资选择早期阶段项目 A 轮投资的概率越大。

另外，不同国家或者区域的发展阶段有先后。在不同国家或区域所获得的经历，相当于获得了同一地区不同时间点上的默会知识，这正是发展中国家能够利用所谓"后发优势"实现超越式发展的关键所在。在风险投资落后地区，投资者眼中的不确定性，在风险投资发达地区或许只是投资者眼中的风险，因为他们更早地接触过此类项目，经历了相对更长时间的发展，对此类项目的各种结果和概率分布已经清楚，具备了应对的方法。因此，提出假设 5.3。

H5.3a：决策团队中有海外发达地区工作经历的成员占比越高，首次投资选择早期阶段项目的概率越大。

H5.3b：决策团队中有海外发达地区工作经历的成员占比越高，首次投资选择早期阶段项目 A 轮投资的概率越大。

风险投资隶属于大的金融行业，因此，风险投资决策团队中有传统金融行业从业经验的成员非常普遍。相对于风险投资，传统金融更注重风险的可控性，也就是说金融经历往往意味着应对风险（而不是不确定性）的技能。从自然选择角度来说，具有金融经历的进入风险投资行业的风险投资家，他们的金融经历应该是成功的（而不是失败的）居多。这样就会形成"路径依赖"（诺斯，2008）：这种风险投资家更加擅长，也更加偏好处理含有风险的项目。根据 Sims（2003）的"理性疏忽"理论，他就会"粘"在含有风险的后期阶段项目中，而主动、"理性"地忽略掉含有不确定性的早期阶段项目。因此，提出假设 5.4。

H5.4a：决策团队中有金融工作经验的成员占比越高，首次投资选择早期阶段项目的概率越小。

H5.4b：决策团队中有金融工作经验的成员占比越高，首次投资选择早期阶段项目 A 轮投资的概率越小。

（二）背景文化相似性与阶段选择

波兰尼的默会知识可以划分为三个层面（郁振华，2003）：①"有意识的欠表达"，例如在竞争状态中，一方发现竞争对手犯了错误会有意识地选择沉默；②"格式塔式的默会知识"，例如我们要解释默会知识，必须要解释背景知识，但是背景知识又基于其他背景知识，所以，我们必须适当省略，否则无法进行当前活动；③"强的默会知识"，强调个人言语表达上的局限妨碍了知识的传播，例如有时我们无法在不同语言的翻译中找到确切的词语去表达对应的含义。从这三层划分中，我们可以看出导致默会知识与明确知识差异的正是知识产生所基于的背景文化，只有身处此时此地拥有共同背景的人才能相互理解。文化背景通过影响认识者的理解能力（整合能力），在默会认识中发挥作用，所以它也是默会知识的重要组成部分。而这一部分在现有研究中很少提及。

不同地区因初始禀赋差异往往形成不同的背景文化（科斯等，2003），而共同区域内的人们往往有共同的语义理解环境，在相互理解和认识方面更具优势。Batjargal（2007）认为正是中国更加统一的文化背景，使得中国的风险投资发展好于俄罗斯。Fuller（2009）强调虽然中国知识产权保护缺乏，但是本土风险投资相较于境外风险投资，由于熟悉环境而能够部分克服这一问题。因为我们强调的是不同认识者之间文化背景的共性，而不是具体哪种文化背景类型对决策者决策行为的影响，所以，本书认为风险投资与被投资企业的区域共性，即背景文化的相似性，会导致风险投资决策团队对辅助项的理解能力差异，即默会认识的差异，进而产生选择行为差异。因此，提出假设5.5。

H5.5a：风险投资在同城投资时，比异地投资时有更高概率选择早期阶段项目。

H5.5b：风险投资在同城投资时，比异地投资时有更高概率选择早期阶段项目 A 轮投资。

（三）理解能力与阶段选择

默会能力的本质是理解能力。理解能力或多或少与后天的经历和所处文化背景有关，但是肯定也部分地取决于主体先天的生理特征，所以，个体之间才会形成难以跨越的差异性。Lusardi 和 Mitchell（2008）认为学历是反映能力和认知的重要指标，所以，学历层次可以看作是反映个体理解能力较好的间接工具。由于决策团队中有 MBA 学历的人数较多，而 MBA 相对容易获得，所以，本书以博士学历作为反映先天理解能力的指标。因此，提出假设 5.6。

H5.6：决策团队中具有博士学位的成员占比越高，首次投资选择早期阶段项目的概率越大。

（四） 知识的优先性与阶段选择

波兰尼不但强调默会知识的存在，更加证明了默会知识相对于明确知识的优先性。"没有一样说出来的、写出来的或印刷出来的东西，能够自己意指某种东西，因为只有那个说话的人，或者那个倾听或阅读的人，才能够通过它意指某种东西。所有这些语义功能都是这个人的默会活动"（波兰尼，1958）。人力资本中，学历和经历是研究者用以代表明确知识和默会知识的常用指标。但是现有的研究中，学者们一直未将二者在决策中的影响做区分。本书认为由于默会知识的优先性，它对风险投资决策行为的影响要比明确知识更加显著。因此，提出假设 5.7。

H5.7：默会知识指标对阶段选择的影响要比明确知识指标更显著。

三 数据来源与变量设计

（一） 研究设计

之前的研究（Dimov and Shepherd，2005；Dimov et al.，2007；Patzelt et al.，2009；李严等，2012）均是以某一段时期内的风险投资高管团队人力资本，来解释同一时期内的风险投资总体投资策略（或者绩效）。

在这段待检验时期内，高管团队的成员和发生的投资案例可能存在一个互动过程，于是便导致内生性风险的存在。例如，原先的高管团队人力资本适合投资早期阶段项目，于是选择了早期阶段项目投资。在这批投资项目成功退出（例如 IPO）或者失败后，又会激励风险投资在后期招募时有意识地选择具有特定人力资本的高管人员。

其次，风险投资后面的投资决策，除了受决策团队进入机构之前形成的默会知识的影响，还会受到在投资过程中形成的默会知识影响，即"干中学"形成的经验影响。因此，用进入机构之前形成的经验（默会知识），来检验其对风险投资整个投资期间总体投资策略的影响，是不恰当的。

最后，之前的研究中使用二值变量来界定风险投资机构的投资策略：当待检验期中风险投资机构投资早期阶段项目的案例数超过一定比例时，则界定该风险投资属于早期阶段投资策略。因此，对于风险投资机构投资策略的界定便受到待检验期选择的影响，导致检验结论可靠性受到影响。

本书在研究设计上只采用风险投资机构首次发生的投资案例作为样本，而高管团队成员的选取只限于加入风险投资机构的时间早于投资案例发生时间的成员。逻辑上来说，只存在高管团队的默会知识影响投资决策的可能，反之则不成立。同时，因为投资案例仅限于首次投资，投资案例的属性唯一地界定了当时风险投资机构的投资策略，所以不存在待检验期选择影响对风险投资机构投资策略界定的可能。当然，也排除了"干中学"形成的经验干扰问题。

（二）数据来源

数据来源于万得（Wind）数据库。参照现有研究，首先，在万得数据库中选取机构属性为民营机构，然后剔除其中属于公司风险投资机构，或者具有母公司的风险投资机构，从而最大程度保证机构性质的独立性，确保投资决策不会明显受制于非市场因素干扰；其次，根据机构名称在万得数据库中列出该机构所有投资记录，根据时间序列确定首次投资案例；最后，根据万得数据库提供的机构网页链接，获取机构高管团队的背景信息。依据现有研究，本书高管范围界定为：合伙人、董事、总裁与副总裁、总经理、投资总监。剔除没有发生投资案例的机构，首次投资案例信息不详，以及高管团队背景信息不全的案例，最后获得有效样本 151 个，包括高管团队成员 839 人，每个有效样本中高管团队的成员平均为 5.6 人，略小于 Dimov 等（2007）（6.8人）、Patzelt 等（2009）（5.9 人）、李严等（2012）（6 人）的平均规模，原因在于本书的高管团队没有包括在首次投资发生之后进入机构的成员。

（三）变量设计

1. 因变量

阶段选择。为了和之前的研究具有可比性，该变量采用二值变量。万得数据库将投资事件的性质划分为 Angel、VC、PE 三种。当机构首次投资属于 Angel 或者 VC 时将其定义为早期阶段投资，取值为 1；当机构首次投资属于 PE 时将其定义为后期阶段投资，取值为 0。

轮次阶段选择。该变量采用有序多值响应变量。机构首次投资属于早期阶段投资，且融资方属于 A 轮融资时，取值为 4；机构首次投资属于早期阶段投资，且融资方不属于 A 轮融资时，取值为 3；机构首次投资属于后期阶段投资，且融资方属于 A 轮融资时，取值为 2；机构首次投资属于后期阶段投资，且融资方不属于 A 轮融资时，取值为 1。

2. 自变量

创业经历占比。当高管成员背景信息中对投资行为之前的创业经历有写实性描述，例如，明确列出成员已创建的公司名称，并且表明创业行为在投资行为之前，例如使用"曾经"或"先后"且投资事件在后的，这时记录成员为有创业经历。最后，用决策团队成员有创业经历的人数，占决策团队总人数的比例表示该指标。

研发经历占比。决策团队成员加入风险投资机构之前有研发经历的人数，占决策团队总人数的比例。同样，研发经历要同时满足写实性描述和时间顺序两条。

海外经历占比。此处海外地区仅指美国、欧洲和以色列等风险投资发展程度明显高于我国的地区。海外工作经历不包括在上述地区的金融机构工作经历或者投融资经历，因为这些经历更多地代表金融行业经历所产生的影响，而金融行业经历与海外经历对决策的影响是相反的。同时，海外经历还要满足写实性描述和发生时间顺序两条。在符合上述描述前提下，采用决策团队成员加入风险投资机构之前有海外工作经历的人数，占决策团队总人数的比例代表该指标。

本地投资。虚拟变量。如果万得数据中表明风险投资机构所在地，与所投项目所在地同属一市，则该变量取值为1，其他情况取值为0。

金融经历占比。当成员背景信息中明确提及在具体某家金融机构工作过，且能分辨出时间序列上早于投资案例发生时间时，则认定该成员具有金融工作经历。用决策团队中有金融工作经历的人数，占决策团队总人数的比例代表该指标。

博士人数占比。用决策团队中有博士学位人数，占决策团队总人数比例代表该指标。

3. 控制变量

经管类学历占比。当某一成员背景信息中表明曾获得管理学、经济学、管理工程本科以上学历或者 MBA 学历时，就认为该成员具备经管类学历。以获得经管类学历高管团队成员人数占决策团队总人数的比例代表该指标。

科学类学历占比。当某一成员背景信息中表明曾获得生物、化学、物理、医药、机械、电子、计算机工程专业本科以上学历时，就认为该成员具备科学类学历。以获得科学类学历高管团队成员人数占决策团队总人数的比例代表该指标。

每位成员允许同时具有多种学历和工作经历。例如，某位成员既有 MBA 学历又有计算机工程学历，既有国外工作经历又有创业经历或者研发经历，则表现为同时在多项变量上具有数据贡献。

是否独立投资。相对于联合投资，独立投资的风险投资机构往往具备更强的自信心，无论这种自信来源于风险偏好特征，还是由具备更好的默会知识所致，都将有利于促进投资阶段前移。设置虚拟变量，当首次投资案例中风险投资为独立投资，变量取值为 1，联合投资变量取值为 0。

投资规模。本书用万得数据库披露的风险投资机构首次投资中的投资金额对数表示该指标。对于个别投资案例中未披露规模的，以相同产业、相同投资阶段案例中所披露的投资规模均值代替。

所属行业。根据万得数据库产业分类的一级分类对投资项目进行划分。

资本市场发展。大量研究表明资本市场的发达程度是影响风险投资发展的重要因素。在我国，中小板和创业板的建立对风险投资的发展具有非同寻常的意义，因此，设计多值变量代表资本市场发展程度对投资决策的影响：投资案例发生在 2009 年之后（不包括 2009 年）取值为 3；发生在 2005～2009 年取值为 2；发生在 2005 年之前（不包括 2005 年）取值为 1。

所有变量指标的定义、计算和数据来源见表 5-1。

表 5-1　变量汇总

变量名	符号	指标描述	数据来源	系数
因变量				
阶段选择	vc	首次投资性质属于 Angel 或者 VC 取值为 1,性质属于 PE 取值为 0	万得数据库	
轮次阶段选择	vca	投资性质属于 Angel 或者 VC,且融资方属于 A 轮融资时取值为 4;投资性质属于 Angel 或者 VC,且融资方不属于 A 轮融资时取值为 3;投资性质属于 PE,且融资方属于 A 轮融资时取值为 2;投资性质属于 PE,且融资方不属于 A 轮融资时取值为 1	万得数据库	
自变量				
创业经历占比	entre	决策团队投资决策之前有创业经历的人数,占决策团队总人数的比例	万得数据库;机构网页	正
研发经历占比	research	决策团队投资决策之前有研发经历的人数,占决策团队总人数的比例	万得数据库;机构网页	正
海外经历占比	oversea	决策团队投资决策之前有海外工作经历的人数,占决策团队总人数的比例	万得数据库;机构网页	正
本地投资	same	虚拟变量,投资机构与被投企业所在地同属一市,取值为 1,其他情况为 0	万得数据库;机构网页	正
金融经历占比	finance	决策团队投资决策之前有金融工作经历的人数,占决策团队总人数的比例	万得数据库;机构网页	负
博士人数占比	dr	决策团队中获得博士学位成员占比	万得数据库;机构网页	正

续表

变量名	符号	指标描述	数据来源	系数
控制变量				
经管类学历占比	business	获得学士学位以上,管理学、经济学、管理工程或者 MBA 学历的成员人数占决策团队总人数的比例	万得数据库;机构网页	
科学类学历占比	science	获得学士学位以上,生物、化学、物理、医药、机械、电子、计算机工程专业学历的成员人数占决策团队总人数的比例	万得数据库;机构网页	
是否独立投资	alone	虚拟变量,如果是独立投资取值为1,联合投资取值为0	万得数据库	
投资规模	capital	万得披露的投资规模	万得数据库	
所属行业	industry	万得产业分类中的一级分类	万得数据库	
资本市场发展	year	投资案例发生在 2009 年之后(不包括 2009 年)取值为 3;发生在2005 ~ 2009 年取值为 2;发生在2005 年之前(不包括 2005 年)取值为 1	万得数据库	

四 统计性描述

在 151 个样本中有 54% 的首次投资属于早期阶段投资。决策团队中有创业经历的人员平均占比为 14% ,有研发和海外工作经历的人员平均占比仅为 6% ,有金融工作经历的人员平均占比达到 51% 。平均有 36% 的首次投资是发生在机构所在地。决策团队中博士学历成员平均占比为 14% ,具有科学类学历成员平均占比为 25% ,而经管类学历成员平均占比高达 65% 。样本中有 62% 的风险投资机构独立完成了首次投资 ,平均投资强度为 1800 万 (表 5 - 2 中的 capital 为投资强度的对数)。其他信息见表 5 - 2 。

表 5 - 2　变量指标描述性统计

变量	观察值（obs）	均值（mean）	标准差（sd）	最小值（min）	最大值（max）
vc	151	0.54	0.48	0	1
vca	151	2.67	1.12	1	4
entre	151	0.14	0.24	0	1
research	151	0.06	0.15	0	1
oversea	151	0.06	0.15	0	1
same	151	0.36	0.48	0	1
dr	151	0.14	0.20	0	1
finance	151	0.51	0.34	0	1
business	151	0.65	0.28	0	1
science	151	0.25	0.27	0	1
alone	151	0.62	0.49	0	1
capital	151	7.37	1.35	2.18	12.43
year	151	2.44	0.67	1	3

变量间相关性较低，不存在多重共线性问题。其他详细信息见表 5 - 3。

表 5 - 3　变量相关系数

变量	e	r	o	sa	f	d	b	sc	a	c	y
entre	1.00										
research	0.31*	1.00									
oversea	0.08	0.22*	1.00								
same	0.09	-0.04	-0.02	1.00							
finance	-0.14	-0.23*	-0.19*	0.01	1.00						
dr	0.03	0.07	0.06	-0.05	0.10	1.00					
business	0.00	-0.18*	-0.12	-0.03	0.20*	0.11	1.00				
science	0.20*	0.24*	0.20*	0.09	-0.20*	0.05	-0.05	1.00			
alone	0.12	0.04	-0.07	-0.02	-0.07	0.02	-0.15	0.06	1.00		
capital	-0.15	0.02	-0.02	-0.10	0.14	0.13	0.13	0.04	-0.08	1.00	
year	0.07	0.12	0.07	-0.15	0.09	0.02	0.12	-0.16	-0.14	0.00	1.00

注：表中 * 表示变量相关性在 5% 水平上显著。

五　检验结果与解释

二值响应模型检验结果见表 5 – 4。模型 1 为只包括控制变量的基准模型，准 R^2 为 0.25。模型 2 加入代表明确知识的学历变量，经管类学历系数为负，科学类学历系数为正，但都不显著，模型 2 中准 R^2 仅增加了 0.01 的解释力度。模型 3 用代表默会知识的变量代替学历变量。其中创业经历占比系数在 1% 的置信水平上显著为正，研发经历占比系数不显著，海外工作经历占比系数在 5% 置信水平上显著为正，本地投资系数在 10% 置信水平上显著为正，金融从业经历占比系数在 10% 置信水平上显著为负。博士人数占比系数为正，但不显著。准 R^2 为 0.39，相对于包含明确知识的模型 2，拟合优度上升了 50%。总体来看，假设 5.7 得以检验：默会知识比明确知识对风险投资决策的影响要显著。

模型 4 中同时加入了代表默会知识和明确知识的指标。其中创业经历占比系数显著为正，说明决策团队中有创业经历成员占比越高，首次投资选择早期阶段项目的概率越大，假设 5.1a 通过检验。研发经历占比系数为负，但不显著，假设 5.2a 未通过检验，原因可能在于：①我国风险投资机构中有研发经历的成员非常少（占比仅为 6%），导致结果不显著；②如前文分析，决策团队的研发经历对于风险投资决策存在潜在的两种相对影响，导致系数符号与假设不符。海外工作经历占比系数显著为正，说明决策团队中有海外发达地区工作经历的成员越多，首次投资选择早期阶段项目的概率越大，假设 5.3a 通过检验。金融工作经历占比系数显著为负，说明决策团队中有金融工作经历的成员越多，首次投资选择早期阶段项目的概率越小，假设 5.4a 通过检验。本地投资系数显著为正，说明风险投资在机构所在地投资时，比异地投资时有更高概率选择早期阶段项目，假设 5.5a 通过检验。博士人数占比系数为正，但不显著，说明先天的理解能力的确会增强首次投资选择早期阶段项目的概率。不显著的原因有可能是学位并不能完全反映先天理解能力，也有可能是理解能力更多地取决于后天因素，例如经历或者文化。

　　背景文化相似性作为默会知识的组成部分，其发挥作用的途径是增强认识者的理解能力（综合能力）。因此，它既可能自身直接发挥作用，也可能帮助别的因素间接发挥作用，从而增强或者削弱其他默会知识组成部分对风险投资决策的影响力。Li 和 Zahra（2012）研究发现文化会改变正式制度影响风险投资发展的强度（间接影响）。研发经历导致决策团队对早期阶段项目的筛选更加苛刻（表现为系数为负），其实属于决策者心智模型导致的主观偏向问题（Zacharakis and Shepherd，2001）。而背景文化对心智模型的构建有重要影响（诺斯，2008）。所以，我们认为在考虑背景文化相似性的基础上检验研发经历变量，可能会更清晰地看出研发经历对风险投资决策的影响。模型 5 中加入研发经历与本地投资的交叉项，结果显示研发经历占比（research）系数显著为负，说明在异地投资时，背景文化差异强化了主观偏向问题，使得研发经历显著地降低了风险投资选择早期阶段项目的概率。研发经历与本地投资的交叉项（research ＊ same）系数显著为正，说明在同城投资时，文化背景同质性弱化了主观偏向的负面影响，使得研发经历的正面效应得以显现。

　　控制变量中，独立投资变量系数显著为正，说明独立投资的风险投资选择早期阶段项目的概率较高。投资规模系数显著为负，说明风险投资规模对其选择早期阶段项目有负面影响。资本市场发展系数为负，但只在模型 5 中显著。随着我国中小板和创业板的开板，IPO 机会的增加导致部分风险投资更加注重眼前利益，放弃早期阶段项目，转向后期阶段项目。

该检验实际使用样本 148 个（有 3 个样本在控制行业因素时高度共线性被剔除），采取了稳健标准差估计以防止样本异方差问题。Linktest 检验表明不存在遗漏变量问题。logit 回归检验结果见表 5 - 4。

表 5 - 4 logit 回归检验结果

自变量	因变量				
	1	2	3	4	5
entre			3.70 *** (1.15)	3.72 *** (1.15)	4.01 *** (1.26)
research			- 1.02 (1.49)	- 1.51 (1.68)	- 2.67 * (1.54)
oversea			5.00 ** (2.09)	4.85 ** (2.04)	4.82 ** (2.02)
finance			- 1.45 * (0.79)	- 1.33 * (0.75)	- 1.45 * (0.77)
same			0.96 * (0.57)	0.99 * (0.57)	
research * same					12.56 * (7.56)
dr			0.38 (1.22)	0.49 (1.22)	0.44 (1.20)
business		- 0.50 (0.72)		- 0.13 (0.88)	- 0.04 (0.89)
science		1.41 (0.91)		0.70 (0.94)	0.46 (0.88)
alone	1.81 *** (0.45)	1.77 *** (0.46)	2.11 *** (0.57)	2.10 *** (0.57)	2.04 *** (0.55)

续表

自变量	因变量				
	1	2	3	4	5
capital	-0.46^{**}	-0.46^{**}	-0.43^{**}	-0.44^{**}	-0.46^{**}
	(0.19)	(0.18)	(0.22)	(0.22)	(0.22)
year	-0.39	-0.33	-0.60	-0.56	-0.68^{*}
	(0.31)	(0.33)	(0.41)	(0.42)	(0.41)
industry	控制	控制	控制	控制	控制
cons	4.32^{**}	4.14^{**}	3.94^{*}	3.82^{*}	4.50^{**}
	(1.69)	(1.71)	(2.25)	(2.28)	(2.14)
样本	148	148	148	148	148
Prob > chi^2	***	***	***	***	***
Pseudo R^2	0.25	0.26	0.39	0.39	0.40

注：*** 表示在1%置信水平上显著；** 表示在5%置信水平上显著；* 表示在10%置信水平上显著。

　　有序多值模型检验结果与二值响应模型检验结果基本相似（见表5-5）。创业经历占比和海外经历占比系数显著为正，说明上述经历所代表的默会知识越多，风险投资处理不确定性的能力越强，越有可能选择早期阶段项目A轮投资，假设5.1b和5.3b通过检验。金融经历占比系数显著为负，说明决策团队中成员金融经历占比越高，越倾向于选择后期阶段后续轮次投资，假设5.4b通过检验。研发经历占比系数为负，但不显著，假设5.2b未通过检验。本地投资系数显著为正，说明相同文化背景下风险投资更有可能选择早期阶段项目A轮投资，假设5.5b通过检验。

　　控制变量中资本规模的影响不再显著，但是反映资本市场发展的变量系数显著为负，说明随着我国多层次资本市场的建设，风险投资支持的企业上市渠道更加通畅，使得风险投资偏好选择后期阶段的后续投资，即PRE-IPO阶段投资，因为这种投资更容易"搭便车"，快速实现退出和声誉积累。

表5-5 有序多值检验结果

自变量	因变量				
	1	2	3	4	5
entre			3.48 *** (0.93)	3.45 *** (0.94)	3.36 *** (0.93)
research			-0.54 (1.11)	-1.26 (1.26)	-1.72 (1.16)
oversea			2.35 ** (1.12)	2.24 ** (1.12)	2.15 ** (1.07)
finance			-1.33 ** (0.62)	-1.17 * (0.60)	-1.12 * (0.59)
same			0.93 * (0.46)	0.95 * (0.47)	
research * same					5.35 (4.54)
dr			0.22 (0.83)	0.35 (0.83)	0.11 (0.79)
business		-0.53 (0.70)		-0.21 (0.78)	-0.22 (0.78)
science		1.78 ** (0.79)		1.05 (0.75)	0.92 (0.70)
alone	1.27 *** (0.37)	1.16 *** (0.39)	1.42 *** (0.42)	1.36 *** (0.44)	1,23 *** (0.41)
capital	-0.29 * (0.16)	-0.31 ** (0.15)	-0.18 (0.17)	-0.21 (0.17)	-0.23 (0.18)
year	-0.56 ** (0.26)	-0.48 * (0.28)	-0.75 ** (0.30)	-0.69 ** (0.33)	-0.77 ** (0.32)
industry	控 制	控 制	控 制	控 制	控 制
样本	151	151	151	151	151
Prob > chi^2	***	***	***	***	***
Pseudo R^2	0.13	0.15	0.22	0.22	0.22

注: *** 表示在1%置信水平上显著; ** 表示在5%置信水平上显著; * 表示在10%置信水平上显著。

总体检验结果表明，决策团队在进行首次投资选择时：①成员创业经历占比越高，首次投资选择早期阶段项目，或者早期阶段 A 轮项目的概率越大；②成员研发经历占比越高，异地投资时首次投资选择早期阶段项目，或者早期阶段 A 轮项目的概率越小，而同城投资时首次投资选择早期阶段项目，或者早期阶段 A 轮项目的概率越大；③成员海外发达地区工作经历占比越高，首次投资选择早期阶段项目，或者早期阶段 A 轮项目的概率越大；④成员金融工作经历占比越高，首次投资选择早期阶段项目，或者早期阶段 A 轮项目的概率越小；⑤同城投资与异地投资相比，首次投资选择早期阶段项目，或者早期阶段 A 轮项目的概率较大；⑥成员中博士人数占比越高，首次投资选择早期阶段项目，或者早期阶段 A 轮项目的概率越大；⑦默会知识比明确知识对首次投资阶段选择的影响更显著。

第二节　默会知识影响后续总体投资策略的检验

一　研究假设

根据理性疏忽理论（Sims，2003），首次投资经历将使得再次处理同类决策时，所需花费的信息处理能力更少，所以理论上会激发决策团队更多地主动关注同类型的投资项目，而对备选类型的投资项目采取主动忽略的态度。因此，决策团队有更大可能在后续投资中延续首次投资的阶段选择类型。同类型投资案例经历得越多，形成的特定默会知识类型就越多，感知到此类项目投资的不确定性下降，于是，投资惯性形成。据此，我们提出假设5.8。

H5.8：首次投资选择早期阶段项目的机构，后续总体投资中早期阶段项目投资的占比更高。

由于"交互性"是经验形成的重要因素，因此首次投资的成功与否作为一种反馈很可能会影响决策团队默会知识的形成。如果首次投资获得成功，例如实现了 IPO，则会强化信心，决策团队更有可能维持首次投资的选择类型。因此，提出假设 5.9。

H5.9：首次投资选择早期阶段项目且成功 IPO 的机构，后续总体投资中早期阶段项目投资的占比更高。

Arrow（1962）的"干中学"理论明确指出生产中的实践活动会产生知识，能够极大地提高生产效率。这里实践经验所形成的知识显然是默会知识类型，而不是明确知识。而生产效率的提高可理解为由主体对特定技术的掌握所致，也就是说随着反复生产操作，主体在面对工作对象时，逐渐由最初感知的不确定性，降解为感知风险，由此才能实施有效控制，提高生产效率。决策团队在投资过程中自然也会发生"干中学"，随着投资案例的增加，决策团队对早期阶段项目越发熟悉，投资经历积累使其对早期阶段项目感知的不确定性逐渐向风险降解。考虑到学习曲线的下降是非线性的，所以，投资次数的累积与阶段选择行为之间可能也存在非线性关系。因此，提出假设 5.10。

H5.10：投资次数对机构后续整体投资策略有影响。

二　数据来源与变量设计

（一）数据来源

数据来源于万得（Wind）数据库。我们在第一节检验样本的基础上进行遴选。首先，界定观测期为 2000 年 1 月 1 日至

2015 年 8 月 31 日，起始时间为万得数据库最早有投资记录的时间，结束时间为距离检验最近的日期。由于我们检验的因变量为连续变量（早期阶段项目投资占比），而不是二值变量，因此其对于观测期并不敏感。其次，剔除掉在观测期内只发生一次投资的机构，得到有效样本 124 个。最后，对有效样本中在首次投资之后加入机构的决策成员信息进行了补充。有 14 家机构在首次投资之后有决策成员加入，124 家机构共计有决策团队成员 706人，平均每家决策团队为 5.7 人。

（二）变量设计

1. 因变量

早期阶段投资占比。参照 Dimov 等（2007）的设计，我们用观测期内投资早期阶段项目占比数据代表该指标，好处在于相对于二值变量，连续变量对观测期的选择敏感性较低。不同于Dimov 等（2007）的设计在于，我们强调首次投资对后续投资的影响，因此用样本公司中除首次投资以外的投资案例计算该指标。根据万得数据库划分，样本公司后续投资案例中标明融资属性为 Angel、VC 的属于早期阶段项目投资。用早期阶段项目投资案例数除以样本公司后续投资案例总数表示该指标。

2. 自变量

首次投资阶段选择。虚拟变量。当机构首次投资属于 Angel或者 VC 时将其定义为早期阶段投资，取值为 1；当机构首次投资属于 PE 时将其定义为后期阶段投资，取值为 0。

首次投资成功。虚拟变量。当机构首次投资属于早期阶段投资，且在观察期内已经 IPO 成功时，该变量取值为 1；其他情况下取值为 0。

投资次数。由于"干中学"形成的学习曲线是非线性的，因此，投资次数与默会知识的积累之间也有可能是非线性关系。因此，我们分别以投资次数和其平方项代表该指标。具体处理过程为，以观察期内风险投资机构除首次投资以外的投资案例数，取对数并且标准化后的数据代表投资次数。以该指标的平方代表投资次数平方项指标。

本地投资占比。除首次投资外，以观察期内后续投资中，风险投资机构在机构所在地的投资案例数除以后续投资案例总数，代表该指标。

创业经历占比、研发经历占比、金融经历占比、博士人数占比以及经管类学历占比和科学类学历占比，其计算和定义与第一节设计相同。

3. 控制变量

独立投资占比。除首次投资外，以观察期内后续投资中，风险投资机构单独实施的投资案例数除以后续投资案例总数，代表该指标。

平均投资规模。除首次投资外，以观察期内后续投资中，风险投资机构投资总金额除以后续投资案例总数，再求对数，代表该指标。涉及样本公司个别投资案例没有披露投资规模数据的，以该公司同行业投资案例规模均值代替该案例投资规模进行计算。

投资行业集中程度。除首次投资外，以观察期内后续投资中，投资最多的行业案例数除以后续投资案例总数，代表该指标。其中投资案例的行业划分以万得数据库一级行业分类为依据。变量统计见表5-6。

表 5 - 6 变量定义统计

变量名	符号	指标描述	数据来源	系数
因变量				
早期阶段投资占比	vci	样本公司后续投资案例中早期阶段项目投资案例数除以样本公司后续投资案例总数	万得数据库	
自变量				
首次投资阶段选择	vc	首次投资性质属于 Angel 或者 VC，则取值为 1；性质属于 PE，则取值为 0	万得数据库	正
首次投资成功	vcIPO	当机构首次投资属于早期阶段投资，且在观察期内已经 IPO 成功时，该变量取值为 1；其他情况下取值为 0	万得数据库	正
投资次数	num	观察期内风险投资机构除首次投资以外的投资案例数，取对数并标准化	万得数据库	
投资次数平方项	num^2	投资次数指标的平方		
创业经历占比	entre	决策团队投资决策之前有创业经历的人数，占决策团队总人数的比例	万得数据库；机构网页	正
研发经历占比	research	决策团队投资决策之前有研发经历的人数，占决策团队总人数的比例	万得数据库；机构网页	正
海外经历占比	oversea	决策团队投资决策之前有海外工作经历的人数，占决策团队总人数的比例	万得数据库；机构网页	正
本地投资占比	samei	除首次投资外，以观察期内后续投资中，风险投资机构在机构所在地的投资案例数除以后续投资案例总数	万得数据库	正
金融经历占比	finance	决策团队投资决策之前有金融工作经历的人数，占决策团队总人数的比例	万得数据库；机构网页	负
博士人数占比	dr	获得博士学位的成员人数占决策团队总人数的比例	万得数据库；机构网页	正

续表

变量名	符号	指标描述	数据来源	系数
控制变量				
经管类学历占比	business	获得学士学位以上,管理学、经济学、管理工程或者 MBA 学历的成员人数占决策团队总人数的比例	万得数据库;机构网页	
科学类学历占比	science	获得学士学位以上,生物、化学、物理、医药、机械、电子、计算机工程专业学历的成员人数占决策团队总人数的比例	万得数据库;机构网页	
独立投资占比	alonei	除首次投资外,以观察期内后续投资中,风险投资机构单独实施的投资案例数除以后续投资案例总数	万得数据库	
平均投资规模	capitali	除首次投资外,以观察期内后续投资中,风险投资机构投资总金额除以后续投资案例总数,再求对数	万得数据库	
投资行业集中程度	industryi	除首次投资外,以观察期内后续投资中,投资最多的行业案例数除以后续投资案例总数。其中投资案例的行业划分以万得数据库一级行业分类为依据	万得数据库	

三　统计性描述

在观察期内 (2000 年 1 月 1 日至 2015 年 8 月 31 日),原有样本中发生过两次及以上投资的机构有 124 家。机构的后续投资中 (即不包括首次投资) 早期阶段投资占比平均为 55%。新样本中首次投资选择早期阶段项目的样本数平均占比达 59%。首次投资选择早期阶段项目且在观察期内成功实现 IPO 的有 16 个案例,占样本比例为 13.20% (表 5 - 7 中的该项数据是取对数并且标准化后的数据)。平均每家样本机构在观察期内发生了 13 次后续投资。决策团队中创业经历占比平均为 16%,研发经历占比平均为 6%,

金融经历占比平均为49%，均与首次投资中决策团队的相应占比非常接近。本地投资占比平均为31%，略低于首次投资中的本地投资均值36%。随着投资案例的增加，机构向所在地以外寻求投资机会是必然趋势，因此该数据的下降可以理解。独立投资占比为62%，平均投资强度在2000万左右。机构在其主投行业中的投资次数在总投资次数中平均占半数以上，说明机构基本上都有比较明确的主投行业。变量指标描述性统计见表5-7。

表5-7　变量指标描述性统计

变量	观察值（obs）	均值（mean）	标准差（sd）	最小值（min）	最大值（max）
vci	124	0.55	0.32	0	1
vc	124	0.59	0.46	0	1
vcIPO	124	0.13	0.34	0	1
num	124	0	1.20	-1.80	3.02
num^2	124	1.42	1.85	0	9.09
entre	124	0.16	0.26	0	1
research	124	0.06	0.16	0	1
oversea	124	0.06	0.15	0	1
samei	124	0.31	0.33	0	1
finance	124	0.49	0.33	0	1
dr	124	0.13	0.19	0	1
business	124	0.64	0.28	0	1
science	124	0.26	0.28	0	1
alonei	124	0.62	0.29	0	1
capitali	124	8.50	1.60	2.85	13.82
industryi	124	0.55	0.21	0.2	1

所有变量中创业经历占比（entre）与研发经历占比（research）相关系数最高，达到0.30，并在0.05置信水平上显著。所以，所有变量之间不存在高度线性相关问题。变量相关系数见表5-8。

表5-8 变量相关系数

变量	vc	vcIPO	num	entre	r	o	s	f	b	sci	a	c	i
vc	1.00												
vcIPO	0.26*	1.00											
num	0.15	0.24*	1.00										
entre	0.26*	-0.11	-0.02	1.00									
research	0.02	-0.08	0.07	0.30*	1.00								
oversea	0.10	-0.04	-0.07	0.04	0.19*	1.00							
samei	0.12	-0.08	0.05	0.13	0.14	0.03	1.00						
finance	-0.22	0.03	-0.10	-0.10	-0.22	-0.12	-0.05	1.00					
business	-0.12	-0.04	-0.01	0.04	-0.14	-0.10	0.05	0.20*	1.00				
science	0.13	0.01	0.23*	0.17	0.21*	0.22*	0.14	-0.21	0.00	1.00			
alonei	0.12	-0.05	-0.01	0.04	-0.01	0.06	0.06	-0.04	-0.16	0.02	1.00		
capitali	-0.28*	-0.03	-0.03	-0.19*	-0.09	-0.05	-0.16	0.13	0.02	0.02	-0.19*	1.00	
industry	-0.11	-0.18	-0.27	0.15	0.14	0.25*	0.24*	-0.09	-0.11	0.08	0.09	-0.19	1.00

注:*** 表示在1%置信水平上显著;** 表示在5%置信水平上显著;* 表示在10%置信水平上显著。

四　检验结果与解释

默会知识影响后续总体投资策略的检验结果见表 5 - 9。当我们以投资行业集中程度、平均投资规模、独立投资占比，以及教育背景变量为基础模型时，模型的解释力度仅为 14%。加入反映决策团队成员进入风险投资机构之前形成的默会知识变量时，模型的解释力度上升为 21%。其中决策团队创业经历占比变量在 5% 置信水平上显著为正，研发经历占比在 5% 置信水平上显著为正，海外工作经历占比系数为正但不显著，即决策团队成员在进入风险投资机构之前的创业经历、研发经历、海外工作经历越多，则形成的默会知识越有利于促进机构在总体投资策略中选择更大比例的早期阶段项目投资。决策团队成员的金融工作经历占比系数为负但不显著，进入机构团队成员的金融工作经历形成的默会知识越多，机构后续总体投资策略中后期阶段项目投资的比例越大。从变量系数的方向和显著性，以及模型解释力度的变化可以看出，进入机构之前的特殊经历形成的默会知识，对于机构的后续整体投资策略和风格也有一定程度的影响。

在模型 3 中加入本地投资占比（samei）和博士人数占比变量后，模型解释力度由 21% 上升到 32%。本地投资占比系数在 1% 置信水平上显著为正，也就是说，背景文化相似性给决策者带来的理解能力上的帮助，依然是应对不确定性的重要因素，对于机构总体投资的阶段选择策略有重要影响力。博士人数占比系数为正，但不显著。

模型 4 中首次投资阶段选择系数在 1% 置信水平上显著为正，即如果机构首次投资选择的是早期阶段项目，则后续总体投资策略中投资早期阶段项目的比例更高，假设 5.8 得到检验。首次投资成功系数在 10% 置信水平上显著为负，即机构首次投资选择早期阶段项目，且在观察期内成功实现 IPO 的，反而在后续投资中更多地选择后期阶段项目投资，假设 5.9 未通过检验。实际上，当我们用首次投资（无论选择早期阶段还是后期阶段）IPO 作为变量检验的结果时，其系数也是显著为负。也就是说首次投资案例成功实现 IPO 所产生的功能是引导决策团队选择后期阶段项目。可能的原因在于，相对于后期阶段项目，早期阶段项目 IPO 的机会少很多（样本中数据显示首次投资中早期阶段项目 IPO 占比不及后期阶段项目的一半）。而 IPO 给机构带来的投资回报实在是太大了（从万得数据库中披露的数据来看，样本中首次选择早期阶段项目且成功实现 IPO 的投资回报率平均高达 448%），以至于尽管首次投资选择早期阶段项目获得成功实现 IPO 可作为一种信号，证明决策团队决策的正确性，但是过高的回报，以及较少的 IPO 机会真正引起决策团队关注的是，如何在后续投资中更快、更多地将投资项目实现 IPO，因此，投资策略有可能转向后期阶段投资。在本章第一节的检验中，反映我国资本市场的变量也显示，随着中小板和创业板的建立，IPO 渠道的畅通，的确吸引了风险投资机构在投资阶段上的后移。投资次数一次项系数为负，不显著；二次项系数在 5% 置信水平上显著为正。"干中学"所形成的默会知识的确有助于克服不确定性，但是必须要经历一定数量（最小值）的积累后，才能有助于风险投资机构提高投资早期阶段项目的比例，假设 5.10 通过验证。

创业经历占比系数为正但不显著。创业经历在后续总体投资策略中发挥的作用显然没有在首次投资中产生的影响大。研发经历占比系数在 10% 置信水平上显著为正。与创业经历不同，研发经历在多次投资中反而会发挥更大的影响力，即在多次投资中，研发经历更能发挥其正面效应。海外工作经历占比系数为正，金融工作经历占比系数为负，但均不显著。本地投资占比系数在1%置信水平上显著为正，即在机构所在地进行的项目投资越多，后续总体投资策略中选择早期阶段项目的比例越大。文化背景的相似性对于决策主体降低感知不确定性依然具有显著作用。博士人数占比系数为正，模型3与模型4的结果比较，较为清晰地显示出，决策团队进入机构之前形成的默会知识主要作用于首次投资选择，对于整体投资策略的直接影响并不太显著。但是，之前的默会知识通过首次投资选择，对后续整体投资策略的间接影响是非常显著的。而且，首次投资的结果反馈，以及"干中学"（即决策团队进入机构之后形成的默会知识）对后续整体投资策略的直接影响也非常重要。

经管类学历背景占比系数在5%置信水平上为负，在后续总体投资策略中，经管类的教育背景使得决策主体总体上表现出偏好后期阶段项目的特征。科学类教育背景占比系数为正，但不显著。

表 5 - 9　默会知识影响后续总体投资策略检验结果

自变量	因变量			
	1	2	3	4
vc				0.26 *** (0.06)
vcIPO				- 0.20 * (0.08)
num				- 0.01 (0.02)
num^2				0.03 ** (0.01)

自变量	因变量			
	1	2	3	4
entre		0.16 ** (0.08)	0.15 ** (0.07)	0.03 (0.08)
research		0.29 ** (0.12)	0.22 (0.13)	0.30 * (0.15)
oversea		0.13 (0.17)	0.17 (0.16)	0.11 (0.14)
finance		− 0.13 (0.09)	− 0.14 * (0.08)	− 0.07 (0.07)
samei			0.34 *** (0.09)	0.27 *** (0.09)
dr			0.05 (0.15)	0.02 (0.11)
business	− 0.23 ** (0.09)	− 0.18 * (0.10)	− 0.22 ** (0.10)	− 0.18 ** (0.09)
science	0.23 *** (0.09)	0.13 (0.08)	0.08 (0.09)	0.06 (0.09)
alonei	− 0.09 (0.12)	− 0.08 (0.12)	− 0.09 (0.10)	− 0.15 * (0.09)
capitali	− 0.06 *** (0.02)	− 0.05 ** (0.02)	− 0.04 ** (0.02)	− 0.03 (0.02)
industry	− 0.11 (0.17)	− 0.18 (0.17)	− 0.29 * (0.15)	− 0.24 * (0.12)
cons	1.33 *** (0.25)	1.28 *** (0.26)	1.23 *** (0.21)	0.91 *** (0.21)
样本	124	124	124	124
Prob > F	***	***	***	***
R^2	0.14	0.21	0.32	0.46

注：*** 表示在 1% 置信水平上显著；** 表示在 5% 置信水平上显著；* 表示在 10% 置信水平上显著。

总体来说：①首次投资选择对后续总体投资策略有显著影响；②首次投资成功实现 IPO 将吸引机构投资阶段后期；③经过一定数量的投资次数积累，"干中学"形成的默会知识有助于后续总体投资策略偏向早期阶段项目投资；④研发经历对后续总体投资中的早期阶段项目投资占比有显著正面影响；⑤进入机构之前的专业经历对后续总体投资策略有影响，但显著性下降；⑥经管类教育背景对总体投资策略影响的显著性有所上升。

我们将默会知识影响两类阶段选择的检验结果进行比较可得出以下结论。

第一，无论是在首次投资还是后续投资中，作为默会知识的组成部分，文化背景的相似性对于降低决策团队所面对的不确定性都发挥了显著作用。尽管在影响后续总体投资策略检验中，决策团队进入机构之前形成的默会知识——各类特殊经历，影响显著性大部分有所下降，但是进入机构之后形成的默会知识总体上依然比代表明确知识的变量——学历背景，影响显著。这一点与首次投资中的结论相似。另外，首次投资检验中资本市场发展变量系数显著为负，后续总体投资策略检验中的首次投资成功变量系数显著为负，这两个检验结果同时说明我国资本市场IPO机会的增加，实际上是引导了机构选择后期阶段项目。原因在于早期阶段项目相对于后期阶段项目而言实现IPO的机会较少，且IPO退出的回报率非常高。

第二，在首次投资检验中，研发经历占比系数总体上不显著，且系数为负。在后续总体投资策略检验中，研发经历占比系数显著为正。经管类教育背景占比系数在首次投资检验中不显著，而在后续总体投资策略检验中表现为显著为负，可能的原因在于随着投资次数的增加，决策团队对风险投资项目的可能结果和概率分布越来越清楚，面对投资项目所感知的不确定性逐渐下降为风险，经管类教育背景知识应对风险的作用逐步体现出来。

第三，进入机构之前的专业经历所形成的默会知识，虽然在两类检验中都发挥了影响力，但是在后续总体投资策略的检验中显著性明显下降。这说明进入机构之前的经历主要影响的是首次投资策略，而首次投资选择、首次投资成功与否，以及投资次数所代表的"干中学"，这类默会知识对后续总体投资策略的影响更显著。这是之前研究所忽略的部分。

本章小结

默会知识影响首次投资阶段选择的检验结果表明，决策团队进入机构之前形成的默会知识中：①创业经历越多，首次投资选择早期阶段项目或者早期阶段 A 轮项目的概率越大；②研发经历越多，异地投资时首次投资选择早期阶段项目或者早期阶段 A 轮项目的概率越小，而同城投资时首次投资选择早期阶段项目或者早期阶段 A 轮项目的概率越大；③海外发达地区工作经历越多，首次投资选择早期阶段项目或者早期阶段 A 轮项目的概率越大；④金融工作经历越多，首次投资选择早期阶段项目或者早期阶段 A 轮项目的概率越小；⑤同城投资与异地投资相比，首次投资选择早期阶段项目或者早期阶段 A 轮项目的概率越大；⑥默会知识比明确知识对首次投资阶段选择的影响更显著。

总体来说，在微观层面上，默会知识对风险投资阶段选择行为是有显著影响的。

第六章 默会知识影响阶段选择的实证检验：宏观层面[*]

从宏观层面看，我国在不同年份、不同地区，风险投资在阶段选择的总体特征上有明显差异。第五章已证明在微观层面默会知识的确会影响风险投资阶段选择行为，而微观行为是宏观现象形成的基础，默会知识又是有关"特定时间和特定地点的知识"，那么极有可能是不同地区某些宏观因素造就了区域默会知识的不同，进而引发了阶段选择行为在宏观层面的差异。本章的任务就是检验这一设想。

本章内容安排如下：首先，分析影响默会知识形成的宏观因素有哪些；其次，实证检验宏观因素对阶段选择的影响；最后是本章小结。

第一节 影响默会知识形成的宏观因素分析

根据第四章对我国风险投资阶段选择的现状描述可知，我国

---

[*] 本章内容已于 2015 年公开发表。

不同地区风险资本在投资项目的阶段选择上具有较大差异。对于导致这种差异形成的因素研究，现有结论存在较多不一致的地方。根据第二章文献综述中的分析，可能的原因在于现有研究中对于决策主体的差异性考虑较少，忽略了决策主体差异形成的因素对风险投资决策行为的影响。

根据第三章的理论分析和第五章的实证检验，我们较为清晰地认识到，决策主体的差异性主要由其具备的默会知识决定，决策主体存在默会知识上的差异导致其应对不确定性的能力有所不同，感知不确定性的大小有所差异，从而在投资偏好上发生分歧。依据上述逻辑，各地区能影响其区域中决策主体默会知识形成的宏观因素，极有可能对不同区域投资项目上的选择行为差异产生影响。而这些因素的遗漏有可能正是导致现有研究结论发生矛盾的原因。

一 区域产业结构对默会知识形成的影响

在企业管理的相关研究中，默会知识是企业核心竞争力的来源（周鸣阳，2015）。Nonaka 等（2000）认为这种默会知识由技术（technica）和认知（cognitive）两部分构成。显然，主体的技术特征取决于所在企业的生产内容和生产频次。如果从宏观层面观察，那么整个区域就类似于一个企业。该区域内人们所拥有的技术特征，自然也会与区域的生产内容和生产频次有关。所以，区域产业结构有可能是影响区域内群体默会知识特征的影响因素。区域的产业结构由于是长期形成的，并且与诸多不易改变的自然条件有关，因此具有不宜复制性，这一点也与默会知识的特征相符合。在有关风险投资发展的现有研究中，产业结构一直未被作为宏观影响因素而被纳入相关研究中。

产业结构可能会通过如下途径，对区域内的决策主体，尤其是风险投资家的默会知识类型形成影响。

首先，产业结构决定了现存社会中产业分布和不同企业数量，因而决定了不同知识、技术的使用频率与程度，从经历和技术的角度看，产业结构都有可能影响到整个区域群体所掌握的默会知识整体特征。比如该地区金融行业高度发达，则该地区群体中具备金融从业经历的成员比例就较高，一旦这个群体中的成员有机会转变成风险投资机构的决策团队中的成员，则该决策团队中有金融从业经历的成员占比就会较高。而这正好解释了第五章微观检验中决策团队进入风险投资机构之前的默会知识差异的来源。

其次，不同的产业结构决定了区域内不同行业或不同企业发展阶段对风险投资的需求差异。比如我国中部地区目前依然以第二产业为主，则隶属第二产业的项目较多。产业的发展阶段决定了其中的企业所处阶段，所以大部分项目属于成熟期。它们构成了该地区申请风险投资的主流项目特征，从而决定了风险投资家决策经验中所形成的默会知识类型。另外，不同地区的产业结构会衍生出与之相适应的经济制度体系，这种制度体系会进一步引导其中的经济主体选择本地的强势产业进行投资。所以诺斯（2008）在著作中提及，制度约束中的报酬—激励机制，决定了组织中成员所获得默会知识的种类。从决策团队自身的角度讲，决策团队在某一种类型项目决策上积累的决策经验很难相互传递，所以风险投资机构也会主动寻求同一类型的项目投资，而不会轻易转换选择偏好，从而在"干中学"的过程中主动强化某类决策的默会知识。因此，产业结构也影响到了决策团队进入机构之后的默会知识形成——"干中学"所掌握的默会知识类型，以及"干中学"的学习频率。

二   区域背景文化对默会知识形成的影响

在现有研究中，将区域文化纳入风险投资相关研究的文献非常少（Li and Zahra，2012）。

在微观检验中我们将背景文化相似性作为影响阶段选择的因素进行检验。在微观层面上，同一区域的背景文化相似性主要是通过增加决策者的理解力这一路径来发挥默会知识的作用的。而在宏观层面上，区域背景文化主要是作为群体默会知识的组成部分，根据其开放性特征影响默会知识的共享程度。哈耶克（2003）将文化传播视为一种"隐蔽的学习行为"，他将其称为"这种大多数人服从但几乎谁也说不出来的规则"。所以，文化规则既是默会知识的载体，又是群体默会知识的组成部分。Collins（2010）所划分的最强的默会知识类型——集体默会知识，实际上也是指上述部分。这种默会知识在实际活动中发挥着范式的作用，在很大程度上决定了集体合作的模式。投资早期阶段项目所形成的技术积累和经验累积具有高度的个人特征，类似于我国传统文化中的"教会徒弟，饿死师傅""传儿不传女，传内不传外"等默会知识特征，极有可能阻碍集体间的知识交流，从而使得特定默会知识的外部效应难以发挥。风险投资家将更加难以突破原先的投资偏好，实现投资选择上的改变。所以，背景文化作为默会知识的组成部分，其开放性特征有可能决定产业结构所带来的默会知识类型转变的难易程度。

三   产业结构与区域文化影响阶段选择的其他路径

产业结构与区域文化除了通过影响默会知识来影响阶段选择

外，也还会通过其他途径影响到阶段选择行为。

（一）产业结构对阶段选择机会成本的影响

产业结构除了通过影响默会知识来影响阶段选择外，还会通过影响机会成本来影响阶段选择。诺斯（1990）认为现实中交易费用的存在使得制度具有报酬递增的特点，从而决定了经济发展存在路径依赖的现象。路径依赖实际上意味着转变路径时必然要承担机会成本，这种机会成本实质是制度为经济沿原有路径发展所带来的递增回报，依赖程度越高，机会成本越大。例如，长期以工业经济为主的产业结构，也衍生出对应的经济制度体系。这种经济体制会锁定社会资本在再投资时依然瞄准工业经济项目，形成经济发展对工业经济的路径依赖。因为不同产业所处的生命周期有所不同，所以不同产业结构也就意味着其间的企业发展阶段不同，路径依赖下的再投资阶段选择不同。风险投资起源于美国的一个原因在于，当时美国经济发展到工业经济后期，对于传统行业和企业成熟期的投资机会极少，而有利于创业和创新的经济制度逐步形成，因此风险投资转而投向风险较高的高科技产业以及企业初创期，由此所承担的机会成本很小。

（二）文化传统对社会群体风险规避程度产生影响

哈耶克（2003）指出，存在三种类型的"否定性的或禁止性的行为规则"：①仅仅在事实上得到服从，但从未严明的规则；②虽然已形诸文字，但只是对很久以前就得到普遍服从的东西做了近似表达的规则；③特意制定的，从而也必然作为文明规定而存在的规定。前两种规则正是文化传统以及非正式制度发生深刻影响的表现。中国文化传统中"枪打出头鸟""木秀于林，风必摧之""中庸之道"等思想都体现了对风险的厌恶和不愿冒险的处世哲学，并且在现实生活中有力地左右着人们的决策行为。另外，非正式制度不仅直接影响人们偏好风险或厌恶风险，还影响投资者在期望效用模型中的主观概率分布，因为这种概率是个人行为偏好的表现（Anscomb and Aumann，1963），是人们对事件发生可能性的期望，是一种先验概率表现形式。而这种先验概率的形成，按诺斯的说法，受文化渗透对个人识别环境的影响。

（三）文化对正式制度运行成本的影响

正式制度执行效果与运行成本受一定的非正式制度环境的影响。正如卢梭所言，只有当法律深植于民心时，法律才能显示出其重要性。从文化中衍生出来的非正式制度不会立即对正式制度的变化做出反应，因而已改变的正式制度与持续存在的非正式制度之间的紧张关系，会导致正式制度运行成本和执行效果的变化。在一个强调家族文化和集体主义精神的社会群体中，原来的非正式制度与引进的倡导冒险和创新的风险投资制度之间存在着根本的冲突，二者之间的契合需要长期的过程。国家越大，传统制度越独立、稳固，这种冲突带来的成本就越高。

第二节　产业结构、区域文化影响阶段
选择的实证检验

一　理论分析与研究假设

（一）产业结构对阶段选择的影响

首先，产业结构通过影响机会成本，来影响风险投资的阶段选择。诺斯（1990）认为现实中交易费用的存在，使得制度

具有报酬递增的特点，从而决定了经济发展存在路径依赖的现象。路径依赖实际上意味着转变路径时必然要承担机会成本，这种机会成本实质是制度为经济沿原有路径发展所带来的递增回报。依赖程度越高，机会成本越大（汪洋，2013）。总体上，中国经济长期以第二产业或者说以工业经济为主。但同时，各地区经济发展状况又是非常不平衡的，对工业经济的适应和需求程度不同，这从东、中、西部之间的产业转移和承接即可看出。某地区越是适应和依赖工业经济，则该地区相应出台有利于工业经济的经济制度就越多，继续工业经济的发展路径产生的回报就越高，而转变发展路径所要承担的机会成本就越大。工业经济属于成熟产业，可供投资的潜在项目多数处于成熟期。而处于早期阶段的潜在投资项目属于高科技领域的居多，主要出现在第三产业。也就是说在对工业经济路径依赖越强的地方，选择早期阶段项目要承担的机会成本越大。因此，提出本书的假设 6.1。

H6.1：工业经济路径依赖越强，选择早期阶段项目投资的机会成本越高，越不利于风险投资选择早期阶段项目。

其次，产业结构通过影响默会知识，来影响风险投资的阶段选择。波兰尼将默会知识表述为一种蕴涵于个人实践活动之中，无法用语言表达和传授的个体体认性知识。其显然与个人工作环境和工作经历密切相关。产业结构决定了地区各类企业的数量和企业所处发展阶段，也就决定了当地不同阶段项目对风险投资的需求强度，在投资实践中自然会影响到风险投资家的默会知识类型，进而会强化他们在新项目选择时的偏好。另外，产业结构也决定了当地的产业分布，也就决定了不同技术知识的使用频率与程度，所以决定了当地大部分从业者有关"特定时间和特定地点的知识"（即默会知识）（哈耶克，1945）。"硅谷模式"最为成功的原因之一就是曾经的从业者，后来转而成为了风险投资家，他们根据自己以往的经验来进行投资选择。之前的默会知识类型往往决定了他们后来的投资方向。由于不同产业的成熟度不同，因此其中企业所处的发展阶段也会有所差异。如果某地区第二产业比较发达，则很可能意味着其区域内的投资者对成熟期项目相关的默会知识掌握较多。因此，提出本书的假设6.2。

H6.2：第二产业越发达的地方，风险投资家有关成熟期项目的默会知识越丰富，越不利于风险投资选择早期阶段项目。

（二）文化因素对阶段选择的影响

首先，文化会影响默会知识难以共享的程度，进而影响风险投资的阶段选择。哈耶克认为，文化规则是作为一种"群体默会知识"而存在的，在一定意义上，规则本身就是默会知识的载体，或者直接就是默会知识。如果某地的文化传统相对保守，默会知识体现的是一种"各自为政""互不往来""闭关自守"的态度，则一些探索性的新知识、新发现就更加难以推广和共享。早期阶段项目投资中所需的知识往往属于探索性的新知识和个人体验，如果文化传统趋于保守，则更加不利于此类知识的传播。有关早期阶段项目投资的默会知识越是缺乏，进行此类投资的数量必然越少。人口的流动性是打破保守文化，促进共享合作的关键，原因在于，如果人们来自"他乡"，则意味着都没有"根基"，独自存活或者发展难度加大，合作的重要性增强。另外，外来人口没有来自家族或者家乡风俗的约束，他们在共享一些专有知识时也变得容易些。"硅谷模式"的成功也是得益于它的人才高流动性，从而提高了投资早期阶段项目的特定知识的传播和共享。因此，提出本书的假设6.3。

H6.3：人口流动性越低，文化传统越保守，越不利于早期阶段项目投资。

其次，文化对社会群体风险规避程度产生影响，进而影响到风险投资的阶段选择。文化传统在现实生活中有力地左右着人们的决策行为：它不仅直接影响人们对待风险的态度——偏好风险或厌恶风险，还影响着投资者在决策模型中所使用的主观概率分布。如果某地的文化传统中特别强调风险意识，不提倡冒险，则人们对风险的感知将更加敏感，对损失赋予更高的主观概率，进而导致选择更高风险的早期阶段项目投资的可能性更小。另外，中国是将风险投资作为一种正式制度引进的，如果这种正式制度与当地文化不适应，则制度的执行将困难重重。风险投资，尤其是早期阶段项目风险投资，代表的是一种敢于承担风险的精神内核，如果某地的文化传统是强调风险规避的，则即便当地有引导政策的扶持，该地区早期阶段项目投资发展也将更加困难。因此，提出本书的假设6.4。

H6.4：文化传统中风险规避程度越高，越不利于早期阶段项目投资。

二　实证检验

（一）数据来源

数据来源于三个渠道：一是从《中国创业风险投资发展报

告》中收集了各省份风险投资机构在各阶段项目投资比例数据，以及资金来源和机构规模的数据；二是从国家统计局网和国研网站收集了各省份的 GDP、人口和税收数据；三是从同花顺数据库获得了各省份 IPO 数据和证券市场指数。

本数据集为短面板数据，截面数据涵盖全国 30 个省、自治区和直辖市（除西藏），时间跨度为 2005～2012 年。

（二）变量指标

1. 因变量

参照现有研究（Dimov and Murray，2008；Cumming and Dai，2010；Del-Palacio et al.，2010），本书采用各地风险投资机构投资早期阶段的项目数占所有投资项目数的比例，反映风险投资行业的选择性投资行为。其中早期阶段项目数为投资种子期和起步期项目数之和。另外，本书分别将投资种子期项目数占总投资项目数的比例，和投资起步期项目数占总投资项目数的比例，也作为被解释变量。原因在于，种子期和起步期虽然都属于早期阶段，但是，在风险投资机构眼中这两个阶段还是有较大区别。种子期比起步期的风险更大，独立专业的风险投资机构①一般不投资种子期项目，种子期项目投资主要来源于天使投资和公司风险投资。所以，二者在影响因素的检验结果上很可能存在差异。

2. 自变量

工业企业资产报酬率。为了检验假设 6.1，本书用规模以上

---

① 在《全球风险投资研究》（兰德斯顿，2010）一书中，风险投资被分为三类：非正式风险投资、独立专业的风险投资和公司风险投资。

工业企业资产报酬率代表各地经济对工业经济的路径依赖程度。该指标越高说明当地工业经济越发达，放弃工业经济项目投资的机会成本越高，该地区继续投资工业经济中成熟期项目的可能性越大。预计该指标系数为负。

第二产业增加值占比。为了检验假设 6.2，本书用第二产业增加值占当地 GDP 比重代表各地经济中第二产业的重要程度。该比值越高说明当地的第二产业越发达，有关第二产业的默会知识越多。而第二产业项目多数处于成熟期（除了新兴产业），所以预期系数为负。

人口稳定性。为了检验假设 6.3，本书用有本地户口的居民占本地人口的比例代表各地的人口流动性。该指标越高，说明本地的人口流动性越低，文化传统越保守，越不利于早期阶段项目投资。预计该指标系数为负。

私营企业人口比。为了检验假设 6.4，本书用当地居民中每万人所对应的私营企业数代表各地的风险规避程度。该指标越高，说明当地居民的创业精神越强，风险规避程度越低，越有利于早期阶段项目投资。预期该指标系数为正。

3. 控制变量

个人所得税总额占地方 GDP 的比重。Armour 和 Cumming（2006）、Da Rin 等（2006）、Bonini 和 Alkan（2012）都证明税收与早期阶段项目风险投资负相关。预计该指标系数为负。

中小板指数涨跌幅。Armour 和 Cumming（2006）、Dimov 和 Murray（2008）均用证券市场指数代表一国资本市场对早期阶段项目风险投资的影响，但是结果并不统一。本书用中小板指数涨跌幅作为我国资本市场的代表，原因在于，样本取值期间

（2005～2012年）各地IPO公司大部分集中在中小板和创业板，沪深主板指数不具有代表性。而创业板从2009年才开板，年度指数信息不能覆盖整个样本取值期间段。中小板指数与创业板指数相关性较强，用它代替相对合适。

各国每年IPO的数量。Black和Gilson（1998）、Jeng和Wells（2000）、Bonini和Alkan（2012）都曾用各国年度IPO数量代表一国融资体系对风险投资阶段选择的影响，但是结果也存在矛盾。本书使用该指标作为控制变量还有一个原因：我国IPO仍采用审批制，公司很难自主选择上市时机。如果某地历史上IPO比较多，则会刺激投资该地区的风险投资家选择后期阶段投资，通过"搭便车"尽快获利退出。预计该指标系数为负。

GDP增幅。经济增长意味着更多的可投资本、更多的创业机会和更强的消费能力，自然意味着更有利于早期阶段项目投资。现有研究（Jeng and Well，2000；Armour and Cumming，2006；Bonini and Alkan，2012）一致认为经济增长有利于早期阶段项目风险投资发展。只有Dimov和Murray（2008）的研究显示，经济增长对种子期项目风险投资的影响显著为负。

政府资金占比。研究表明不同来源资金对不同阶段的投资偏好不同（Mayer et al.，2005；Schertler，2005；Cumming，2006）。我国非正式风险投资市场尚未得到充分发展，政府资金是早期阶段项目投资的主要资金来源。因此，本书选取各省份风险投资中政府资金的来源多少代表该控制变量。

小规模基金占比。投资机构规模对早期阶段风险投资的影响有两种论断：一种认为规模越大的公司越有利于早期阶段项目投

资的发展（Dimov and Murray，2006）；另一种则认为小规模风险
投资机构更会关注早期阶段投资（Gompers and Lerner，1998）。
本书从《中国创业风险投资发展报告》中选取各省份 5000 万元
以下的机构表示小规模投资机构。①

所有变量指标的定义、计算和数据来源见表 6 - 1。

表 6 - 1　变量汇总

变量名	符号	指标描述	数据来源	系数
因变量				
早期阶段	early	各地投资早期阶段项目数占总投资数的比例	《中国创业风险投资发展报告》	
种子期	seed	各地投资种子期项目数占总投资数的比例	《中国创业风险投资发展报告》	
起步期	stup	各地投资起步期项目数占总投资数的比例	《中国创业风险投资发展报告》	
自变量				
第二产业增加值占比	secu	各地第二产业增加值除以各地 GDP 的百分数	国家统计局网	负
工业企业资产报酬率	roa	各地规模以上工业企业利润总额除以各地规模以上工业企业资产总额的百分数	国家统计局网	负
人口稳定性	indi	有本地户口人数占全国人口的百分数	国家统计局网	负
私营企业人口比	priv	各地每万人对应的私营企业数	国研网	正
控制变量				
个人所得税占比	ptax	各地个人所得税总额除以各地 GDP 的百分数	国家统计局网	负
IPO 数量	IPO	各地每年公司 IPO 的数量	同花顺数据库	负
中小板指数涨跌幅	index	每年中小板指数的涨跌幅	同花顺数据库	
GDP 增幅	gdpr	各地每年 GDP 增幅	国家统计局网	
政府资金占比	gover	各地每年风险投资总额中政府资金所占比重	《中国创业风险投资发展报告》	
小规模基金占比	sfund	各地每年 5000 万元以下规模机构数占总机构数的比例	《中国创业风险投资发展报告》	

---

①　《中国创业风险投资发展报告》中将各地风险投资机构的规模划分为四类：5000 万元以下、5000 万 ~ 1 亿元、2 亿 ~ 5 亿元、5 亿元以上。

（三）研究方法

首先考虑静态模型。现有相关研究中主要采用静态模型。在静态模型下，短面板数据有三种处理形式：作为混合数据处理、作为固定效应模型处理、作为随机效应模型处理。从理论上讲，在省际面板数据中采用固定效应和随机效应模型，是担心存在反映地方特点的变量被遗漏，这样的变量以反映文化的变量为最突出的代表。由于本书已将反映文化的变量提取出来，因此在本书检验中，混合回归的效果应该与固定效应和随机效应模型回归的结果相差无几。技术层面的检验结果也证实这一猜想，Hausman 和 LM 检验结果均不显著，即不能拒绝混合回归与固定效应和随机效应无差别的原假设，因此可以选用混合回归。

考虑到因变量与自变量之间可能存在的逆向因果关系，对存在内生性风险的自变量采用滞后变量代替。这些变量包括第二产业增加值占比、工业企业资产报酬率、人口稳定性、私营企业人口比和 IPO 数量。同时，在 OLS 中使用聚类稳健标准误，以克服数据中可能存在的异方差和自相关情况。待检验模型如下：

$$early_{it} = \partial + \beta_1 secu_{it-1} + \beta_2 roa_{it-1} + \beta_3 indi_{it-1} + \beta_4 priv_{it-1} + \beta_5 IPO_{it-1}$$
$$+ \beta_6 ptax_{it} + \beta_7 index_{it} + \beta_8 gdpr_{it} + \beta_9 gover_{it} + \beta_{10} sfund_{it} + \varepsilon_{it} \quad (6-1)$$

$$essd_{it} = \partial + \beta_1 secu_{it-1} + \beta_2 roa_{it-1} + \beta_3 indi_{it-1} + \beta_4 priv_{it-1} + \beta_5 IPO_{it-1}$$
$$+ \beta_6 ptax_{it} + \beta_7 index_{it} + \beta_8 gdpr_{it} + \beta_9 gover_{it} + \beta_{10} sfund_{it} + \varepsilon_{it} \quad (6-2)$$

$$stup_{it} = \partial + \beta_1 secu_{it-1} + \beta_2 roa_{it-1} + \beta_3 indi_{it-1} + \beta_4 priv_{it-1} + \beta_5 IPO_{it-1}$$
$$+ \beta_6 ptax_{it} + \beta_7 index_{it} + \beta_8 gdpr_{it} + \beta_9 gover_{it} + \beta_{10} sfund_{it} + \varepsilon_{it} \quad (6-3)$$

其次考虑动态模型。考虑动态模型的原因在于，行业发展具有自身规律，早期阶段项目与后期阶段项目在数量上应具有一定的比例关系，不可能长期处于失衡状态。因此，之前年份风险投资选择早期阶段项目的数量，会影响到随后时期该地区的投资行为。动态模型与静态模型实际上是相通的，动态模型相当于对含有滞后变量的静态模型进行了科伊克（Koyck）方法转换。[①]

在动态模型中因变量的滞后变量也包含在解释变量中。为了避免动态模型产生的内生性问题，一般有三种处理方法：差分GMM、水平GMM和系统GMM。其中系统GMM方法是将差分GMM与水平GMM结合在一起，即将差分方程与水平方程作为一个方程系统进行GMM估计。系统GMM相比差分GMM具有更高的估计效率。对于其他可能存在内生性的解释变量，依然采用滞后变量作为工具变量。待检验模型如下：

$$
\begin{aligned}
early_{it} = {} & \partial + \beta_1 early_{it-1} + \beta_2 secu_{it} + \beta_3 roa_{it} \\
& + \beta_4 indi_{i1} + \beta_5 priv_{it} + \beta_6 IPO_{it} + \beta_7 ptax_{it} + \beta_8 index_{it} \\
& + \beta_9 gdpr_{it} + \beta_{10} gover_{it} + \beta_{11} sfund_{it} + \varepsilon_{it}
\end{aligned}
\tag{6-4}
$$

$$
\begin{aligned}
seed_{it} = {} & \partial + \beta_1 seed_{it-1} + \beta_2 secu_{it} + \beta_3 roa_{it} \\
& + \beta_4 indi_{i1} + \beta_5 priv_{it} + \beta_6 IPO_{it} + \beta_7 ptax_{it} + \beta_8 index_{it} \\
& + \beta_9 gdpr_{it} + \beta_{10} gover_{it} + \beta_{11} sfund_{it} + \varepsilon_{it}
\end{aligned}
\tag{6-5}
$$

$$
\begin{aligned}
stup_{it} = {} & \partial + \beta_1 stup_{it-1} + \beta_2 secu_{it} + \beta_3 roa_{it} \\
& + \beta_4 indi_{i1} + \beta_5 priv_{it} + \beta_6 IPO_{it} + \beta_7 ptax_{it} + \beta_8 index_{it} \\
& + \beta_9 gdpr_{it} + \beta_{10} gover_{it} + \beta_{11} sfund_{it} + \varepsilon_{it}
\end{aligned}
\tag{6-6}
$$

（四）统计性描述

2005～2012年全国各地风险投资机构，投资早期阶段项目

---

① 李子奈：《计量经济学》，高等教育出版社，2010。

数占全部项目数的比例平均为 43.72%，其中种子期投资平均为
18.21%，起步期平均为 25.51%。各地第二产业增加值占 GDP
比重平均为 48.08%，我国依然是一个以第二产业为主导产业的
国家。第二产业占比最低的是北京市，最高的是山西省。规模以
上工业企业平均资产报酬率为 7.32%，相对于第三产业的收益
率而言是较低的。各地本地户口人数占人口总数的比例平均为
85.44%，比例最低的为 34.88%，出现在 2011 年的上海市，这
充分说明上海是一个流动性极强的城市，也是一个充分开放的城
市。比例最高的为 97.89%，出现在 2007 年的甘肃省。各地每
万人中平均有私营企业 62 家，最低的不到 11 家，出现在 2005
年的贵州省；最高的近 356 家，出现在 2012 年的上海。这组数
字也较好地反映出各地的创业精神和创业条件的差异。各地个人
所得税总额占 GDP 的比值平均为 0.41%，最低为 0.14%，最高
为 1.68%。各地平均每年有不到 5 家公司 IPO，广东省在 2010
年里共计有 69 家公司 IPO，为历年各地最多。中小板自开板以
来平均年涨幅达到 33.19%，各地 GDP 年平均增长率达到
12.78%，各地风险投资总额中平均约有 35% 的资金来自政府基
金，各地风险投资机构中年均投资 5000 万元以下的约占到
21%。其他信息见表 6-2。

表 6-2　变量指标描述性统计

变量	观察值（obs）	均值（mean）	标准差（sd）	最小值（min）	最大值（max）
early	216	43.72	28.27	0	100
seed	216	18.21	21.78	0	100
stup	216	25.51	22.97	0	100
secu	240	48.08	7.57	22.7	59.05
roa	240	7.32	3.31	1.89	22.28

续表

变量	观察值（obs）	均值（mean）	标准差（sd）	最小值（min）	最大值（max）
indi	240	85.44	11.44	34.88	97.89
priv	240	62.05	63.62	10.99	355.86
ptax	240	0.41	0.30	0.14	1.68
IPO	240	4.82	9.14	0	69
index	240	33.19	64.93	-53.94	137.71
gdpr	240	12.78	2.24	5.4	23.8
gover	221	1.73	1.18	0	5
sfund	219	20.98	21.86	0	100

各变量之间，除了 indi、priv 和 ptax 变量之间有较强的相关性，其他变量的相关系数均在 0.5 以下，不存在高度相关的情况。代表产业结构的 secu 自变量与 early 和 stup 呈负相关，与预期相符；roa 自变量与 early 和 seed 相关系数在 5% 水平上显著。代表文化因素的 indi 和 priv 自变量与因变量在相关性方向上均与预期相符。其他具体信息见表 6-3。

（五）回归检验结果

1. 静态模型检验（见表 6-4）

模型 1 检验结果显示，自变量中工业企业资产报酬率系数在 1% 置信水平上显著为负，与本书预期相符，说明各地工业企业获利能力越强，越不利于风险投资选择早期阶段项目。假设 6-1 通过检验。

第二产业增加值占比系数在 5% 置信水平上显著为负，与本书预期相符，说明各地第二产业越发达或地位越重要，越不利于风险投资选择早期阶段项目。假设 6-2 通过检验。

人口稳定性系数为负，但不显著，说明各地流动性越低，文化传统越趋于保守，越不利于风险投资选择早期阶段项目。假设 6-3 基本通过检验。

表 6 - 3　变量相关系数

变量	early	seed	stup	L.secu	L.roa	L.indi	L.priv	ptax	L.IPO	index	gdpr	gover	sfund
early	1												
seed	0.6*	1											
stup	0.66*	-0.20*	1										
L.secu	-0.07	0.08	-0.17*	1									
L.roa	-0.18*	-0.22*	-0.01	0.39*	1								
L.indi	-0.02	-0.01	-0.02	0.18*	-0.01	1							
L.priv	0.06	0.05	0.03	-0.24*	-0.06	-0.72*	1						
ptax	-0.04	0.01	-0.03	-0.42*	-0.20*	-0.62*	0.62*	1					
L.IPO	-0.1	-0.12	-0.01	0.04	0.12	-0.51*	0.42*	0.24*	1				
index	-0.04	0.17*	-0.21*	-0.06	-0.19*	0.14*	-0.09	-0.04	-0.26*	1			
gdpr	-0.02	0.03	-0.05	0.11	-0.13*	0.34*	-0.35*	-0.25*	-0.41*	0.23*	1		
gover	0.11	0.06	0.07	0.06	-0.02	0.12	-0.13	-0.05	-0.20*	0.03	-0.01	1	
sfund	0.02	0.03	0	0.06	-0.13	0.05	-0.02	0.01	-0.08	0.11	-0.02	-0.07	1

注:表中 * 表示变量相关性在 5% 水平上显著。自变量前加 L 表示自变量的滞后值。

每万人中私营企业数系数在 1% 置信水平上显著为负，与本书预期相符，说明各地风险规避程度越低，越具有创业精神，越有利于风险投资选择早期阶段项目。假设 6 - 4 通过检验。

控制变量中：IPO 系数在 5% 置信水平上显著为负，说明各地公司之前上市记录实际上吸引了风险投资机构更多地选择后期阶段投资，希望通过"搭便车"行为实现短期回报；个人所得税系数在 1% 置信水平上显著为负，说明高税率会降低创业精神，不利于风险投资选择早期阶段项目；中小板指数增幅、GDP增幅、政府资金和小规模机构占比变量的系数均不显著。

模型 2 检验结果与模型 1 最大的不同在于，第二产业增加值占比系数在 1% 置信水平上显著为正。这一结果该如何解释呢？当我们从宏观角度检验风险投资的阶段选择行为时，这里的投资主体既包含了独立专业的风险投资，又包括了公司风险投资。[①]汉斯（2010）在《全球风险投资研究》中，认为独立专业的风险投资并不是种子期投资的主要来源，天使投资人和公司风险投资才是种子期投资的主要来源。由于我国天使投资尚未得到良好发展，因此公司风险投资才是种子期项目投资的主要来源。第二产业地位重要的地方，例如中、西部承接东部产业转移的主要城市，它们并不是简单承接，而往往是在创新和发展中承接。也就是说这些地方第二产业中新兴产业很可能发展得也很好，是第二产业增加值的主要增长点，所以这些地区会有较多的公司风险投资，进行新兴产业的种子期研发投资。这一点从模型 2 的个人所

①　本章检验数据来源于《中国创业风险投资发展报告》，该报告的数据既包括独立专业的风险投资机构的投资数据，又包括公司风险投资机构的投资数据。

得税系数得到证实。模型 2 中的个人所得税系数，相比于模型 1，在显著性和影响力方面急剧下降。如果投资主体是专业独立的风险投资，它的有限合伙人一般是个人，个人所得税直接影响其投资收益，所以其对个人所得税会非常敏感。但是，如果投资主体是公司风险投资，它的资金来源是企业，个人所得税的变动对公司风险投资的投资行为不会有什么影响，所以系数绝对值小且不显著。在模型 2 中，第二产业增加值占比系数因为部分地代表了公司风险投资的水平，所以才会对种子期投资形成正面影响。中小板指数增幅在 10% 置信水平上显著为正。中小板指数与创业板指数高度相关，该指数上升会增加公司风险投资机构加大投资种子期的信心。

模型 3 检验结果中，第二产业增加值占比系数在 1% 置信水平上显著为负。工业企业资产报酬率系数由负变正，但不显著。IPO 数量系数为负，绝对值变小，并且不再显著。起步期和种子期虽然同属于早期阶段，但是在投资者眼里还是有较大差别，风险投资家一般认为种子期的投资风险要比起步期高得多。起步期在特征上更加接近于早期阶段与后期阶段的过渡。工业企业资产报酬率和 IPO 数量的系数变化正是这一过渡特征的表现，即负面影响减弱（根据理论分析，这两因素对早期阶段项目应产生负面影响），并不再显著。另外，私营企业人口比系数和个人所得税占比系数均在 1% 置信水平上显著。由于起步期投资主要来源于独立专业的风险投资，因此其对个人所得税很敏感。同样道理，私人企业数量所代表的冒险精神（或者风险规避程度）和民间融资需求对独立专业的风险投资主体也会有很大影响。政府资金在 10% 的置信水平上显著为正，结合模型 2 的结果，可以了解到，政府引导基金主要是投资在早期阶段的起步期而不是种子期。其他信息见表 6 - 4。

表 6 - 4　静态模型检验结果

自变量	因变量		
	1	2	3
	early	seed	stup
L. roa	- 1. 64 *** (0. 50)	- 1. 78 *** (0. 20)	0. 13 (0. 46)
L. secu	- 0. 70 ** (0. 30)	0. 68 *** (0. 19)	- 1. 38 *** (0. 23)
L. indi	- 0. 26 (0. 23)	- 0. 07 (0. 21)	- 0. 19 (0. 24)
L. priv	0. 23 *** (0. 07)	0. 03 (0. 04)	0. 19 *** (0. 06)
L. IPO	- 0. 48 ** (0. 19)	- 0. 41 ** (0. 15)	- 0. 08 (0. 14)
ptax	- 56 *** (15)	- 0. 38 (10. 28)	- 56. 36 *** (16. 00)
index	- 0. 01 (0. 02)	0. 04 * (0. 02)	- 0. 05 * (0. 03)
gdpr	0. 06 (0. 91)	- 0. 71 (0. 85)	0. 77 (0. 70)
L. roa	- 1. 64 *** (0. 50)	- 1. 78 *** (0. 20)	0. 13 (0. 46)
gover	0. 10 (0. 09)	- 0. 04 (0. 09)	0. 13 ** (0. 16)
sfund	0. 01 (0. 15)	- 0. 05 (0. 13)	0. 06 (0. 09)
常数项	123. 88 *** (28. 41)	16. 41 (24. 98)	107. 47 *** (28)
样本数	181	181	181
R^2	0. 13	0. 12	0. 17
prob > F	***	***	***
VIF	2. 99	2. 99	2. 99

注：表中 *** 表示在 1% 水平上显著；** 表示在 5% 水平上显著；* 表示在 10% 水平上显著。自变量前加 L 表示自变量的滞后值。

2. 动态模型检验（见表 6 - 5）

动态模型检验结果主要有两个特点。一是因变量的滞后项作为自变量，在所有三个模型中系数符号均为负，其中 early 的滞后项系数在 10% 置信水平上显著。这说明风险投资阶段选择行为受到自身发展规律的影响，投资早期阶段项目的高潮与低谷呈现出交替状态。研究表明有两种原因会导致这种状态：一是随着被投资的企业渐趋成熟，如果多轮投资普遍存在（在欧美国家多轮投资非常普遍），原先的早期阶段项目投资自然演变成了后期阶段项目投资，就会出现阶段选择的交替状态；二是风险投资机构会出现"趋同"的投资行为，造成一定时期内处于某阶段项目的过度投资，并且在随后，业绩较差的投资者被踢出（Sahlman and Stevenson，1986），如此形成不同阶段投资项目多寡的交替。回顾美国 1985 年至今的风险投资阶段选择行为，我们能清晰看出其中周期性的变化（早期阶段项目风险投资额占比由 1985 年的 45% 下降至 2002 年的 19%，目前回升到 33%）。但是，我国早期阶段项目投资的周期性过短（一年滞后项系数显著为负），显然不利于早期阶段项目投资对创新的促进作用（Sahlman and Stevenson，1986）。

二是模型 4 中代表产业结构（roa、secu）和文化因素（indi、priv）的变量系数方向与本书预期相符，但系数绝对值和显著性，相较于模型 1 均有所下降。动态模型相当于对含有滞后变量的静态模型进行了科伊克（Koyck）方法转换，因变量滞后项反映出一部分原自变量滞后项的解释力度。所以，动态模型中自变量会表现出影响力和显著性下降的特征。这一特征也说明在控制了风险投资自身周期性发展规律后，作为外生影响因素的产业结构与文化因素依然表现出预期的影响。这一点在模型 5 和模型 6 中也有同样的表现。

模型 6 相较于模型 3 最大的变化在于工业企业资产报酬率系数由正变负，与本书预期相符。当控制住风险投资自身周期性发展规律后，产业结构所形成的机会成本的确对风险投资选择早期阶段项目形成了阻碍。

控制变量中值得关注的是，模型 4 中政府资金占比系数在 10% 置信水平上显著为正，该变量系数方向在模型 4、模型 5、模型 6 中也趋于一致，说明政府引导基金对于发展各地早期阶段风险投资的确发挥了引导作用。另外，基金规模系数在三个模型中一致为正，且在模型 4 中在 5% 置信水平上显著，说明小规模风险投资基金更偏好于选择早期阶段项目投资。

系统 GMM 方法采用了 173 个样本，模型 1、模型 2、模型 3 均使用了 93 个工具变量。系统 GMM 方法适用的前提条件有二：一是扰动项不存在自相关；二是所有工具变量都有效。自相关检验和过度识别检验均不能拒绝原假设，即满足前提假设。其他信息见表6 - 5。

表 6 - 5　动态模型检验结果

自变量	因变量		
	4	5	6
	early	seed	stup
L1	- 0. 15 * (0. 09)	- 0. 16 (0. 14)	- 0. 02 (0. 20)
L. roa	- 2. 85 (2. 29)	- 2. 51 (2. 17)	- 0. 59 (1. 95)
L. secu	- 2. 91 * (1. 72)	0. 71 (1. 26)	- 1. 95 (1. 34)

续表

自变量	因变量		
	4	5	6
	early	seed	stup
L. indi	−0.11 (0.68)	−0.04 (0.59)	−0.09 (0.36)
L. priv	0.14 (0.21)	0.04 (0.17)	0.18 (0.16)
L. IPO	−0.05 (0.29)	−0.06 (0.32)	0.25 (0.27)
ptax	−65.02 * (33.59)	17.10 (25.77)	−73.22 *** (23.98)
index	−0.04 (0.03)	0.03 (0.03)	−0.08 *** (0.02)
gdpr	2.56 (2.12)	1.95 (1.48)	1.34 (1.66)
gover	0.23 * (0.13)	0.02 (0.14)	0.07 (0.18)
sfund	0.50 ** (0.23)	0.05 (0.20)	0.30 (0.17)
常数项	187.76 ** (86.60)	−27.26 (63.08)	98.20 (98.61)
样本数	173	173	173
工具变量	93	93	93
prob > chi²	***	***	***

注：表中 *** 表示在1%水平上显著；** 表示在5%水平上显著；* 表示在10%水平上显著。

　　笔者利用2005～2012年省际面板数据，检验了产业结构与文化因素对风险投资阶段选择的影响。静态模型检验结果显示：①工业企业获利能力越强，第二产业越发达或地位越重要，越不利于风险投资选择早期阶段项目；②人口流动性越强，风险规避程度越低，越有利于风险投资选择早期阶段项目；③各地之前的IPO数量越多，越能吸引风险投资机构选择后期阶段项目；④高税率会降低投资早期阶段项目的意愿。动态模型检验结果显示：①风险投资阶段选择行为受到自身发展规律的影响；②在控制了自身周期性的发展规律影响后，作为外生影响因素的产业结构与文化因素，依然表现出对风险投资阶段选择行为的影响。

　　风险投资阶段选择行为与各地根深蒂固的区域性特征有关，这些特征主要表现为产业结构和文化因素。引导政策的设计既要因势利导，又要有的放矢，才能显现作用。例如，短期内在第三产业发达、流动性强的城市，引导政策应通过个人所得税手段，以激励独立专业的风险投资机构投资起步期项目为重点。在承接产业转移的主要城市和地区，引导政策应通过加大对新兴产业的研发资助，以激励公司风险投资机构投资种子期项目为重点。同时，降低公司上市审批中规模和获利能力指标的权重，让早期阶段项目有更多的 IPO 机会。重新设定政府引导基金管理者的考核条件，促进其更多地投资种子期项目。长期内，打破工业经济中的行业垄断现象，压缩传统行业的制度性获利空间；破除影响区域人才流动的陈旧制度，以创业精神为文化建设的重点，建立更加适宜的创业环境。

本章小结

　　理论分析表明，区域产业结构会对其区域内的风险投资家或者潜在的风险投资家，进入机构之前和之后的默会知识形成产生影响；区域背景文化则会对特定默会知识扩散的难易程度产生影响。这两类宏观因素在现有研究中较少被提及。同时，它们也具有难以在区域间复制的特征。

　　实证检验结果表明，静态模型检验结果显示：①工业企业获利能力越强，第二产业越发达或地位越重要，越不利于风险投资选择早期阶段项目；②人口流动性越强，风险规避程度越低，越有利于风险投资选择早期阶段项目；③各地之前的 IPO 数量越多，越能吸引风险投资机构选择后期阶段项目；④高税率会降低投资早期阶段项目的意愿。动态模型检验结果显示：①风险投资阶段选择行为受到自身发展规律的影响；②在控制了自身周期性的发展规律影响后，作为外生影响因素的产业结构与文化因素，依然表现出对风险投资阶段选择行为的影响。

　　本章的实证检验证明，默会知识在宏观层面也会影响风险投资阶段选择的特征。

第七章　主要结论与政策建议

第一节　主要结论

一　风险投资的阶段选择行为会产生实质性影响

实证检验结果表明：①在有风险投资参与的子样本中，风险投资进入风险企业的时间越早，则越能促进风险企业进行更多的研发投入，显著提升风险企业的成长性，显著提升企业的获利能力；②在包括没有风险投资参与的全样本中，风险投资在企业后期阶段进入，企业的成长性比没有风险投资参与的企业更差，企业的获利能力与没有风险投资参与的企业相差无几；③风险投资选择在风险企业后期阶段进入，导致的助推作用下降，乃至产生了一定的副作用，降低了风险投资总体的助推经济的效果，是我国风险投资对被投资企业影响不显著的主要原因；④在实证检验中，使用虚拟变量检验时，风险投资阶段选择产生的效果更明显。

因此，风险投资阶段选择行为对被投企业会产生实质性的影响，引导我国风险资本投资阶段前移，将有利于风险投资在我国更好地发挥经济助推作用。

二 默会知识对风险投资阶段选择有显著影响

实证检验结果表明，决策团队进入机构之前形成的默会知识中：①创业经历越多，首次投资选择早期阶段项目或者早期阶段 A 轮项目的概率更大；②研发经历越多，异地投资时首次投资选择早期阶段项目或者早期阶段 A 轮项目的概率越小，而同城投资时首次投资选择早期阶段项目或者早期阶段 A 轮项目的概率越大；③海外发达地区工作经历越多，首次投资选择早期阶段项目或者早期阶段 A 轮项目的概率越大；④金融工作经历越多，首次投资选择早期阶段项目或者早期阶段 A 轮项目的概率越小；⑤同城投资与异地投资相比，首次投资选择早期阶段项目或者早期阶段 A 轮项目的概率更大；⑥默会知识比明确知识对首次投资阶段选择的影响更显著。

默会知识影响后续总体投资策略的检验结果表明：①首次投资选择对后续总体投资策略有显著影响；②首次投资成功实现 IPO 将吸引机构投资阶段后期；③经过一定数量的投资案例积累后，"干中学"形成的默会知识才会有助于后续总体投资策略偏向早期阶段项目投资；④研发经历对后续总体投资中的早期阶段项目投资占比有显著正面影响；⑤进入机构之前的专业经历对后续总体投资策略有影响，但显著性下降；⑥经管类教育背景对总体投资策略的影响，比对首次投资策略的影响更加显著。

至此，在微观层面上，本书从风险投资首次投资策略和后续总体投资策略两个方面，证明了默会知识对风险投资阶段选择行为有显著影响。

三　产业结构与区域文化是影响阶段选择的宏观因素

理论分析表明，产业结构决定了现存社会中产业分布和不同企业数量，因而决定了不同知识、技术的使用频率与程度，从经历和技术的角度看，产业结构都有可能影响到整个区域群体所掌握的默会知识整体特征。另外，不同的产业结构决定了区域内不同行业或不同企业发展阶段对风险投资的需求差异。而背景文化作为默会知识的组成部分，其开放性特征有可能决定产业结构所带来的默会知识类型转变的难易程度。所以，产业结构和区域文化都会影响阶段选择。

实证检验结果则表明，工业企业获利能力越强，第二产业越发达或地位越重要，越不利于风险投资选择早期阶段项目。人口流动性越强，风险规避程度越低，越有利于风险投资选择早期阶段项目。同时，风险投资阶段选择行为也受自身发展规律影响。

第二节　风险投资现有政策分析

在我国，风险投资制度最初属于一种强制性制度供给。国家引入该制度时有着明确的政策目标，即通过风险投资行业发展推动科技发展。现在，风险投资还被赋予了推动新兴产业发展和促进创业的使命。因此，国家层面一直在出台相关政策，引导风险投资向特定产业和特定阶段投资。其中主要政策包括：2007 年出台的《财政部　国家税务总局关于促进创业投资企业发展有关税收政策的通知》规定对投资支持中小高新技术企业的创业风险投资企业给予税收优惠，该政策成为各地方政府促进本地风险投资、发展税收优惠的重要依据；2007 年出台的《科技型中小企业创业投资引导基金管理暂行办法》引导创业风险投资机构向初创期科技型中小企业投资；2011 年出台的《关于促进科技和金融结合加快实施自主创新战略的若干意见》则明确要求引导创业投资机构向初创期科技型中小企业投资；2009 年的《关于实施新兴产业创投计划、开展产业技术研究与开发资金参股设立创业投资基金试点工作的通知》旨在推动利用国家产业技术研发资金，参股设立创业风险投资基金（即创业投资企业）试点工作；2010 年的《关于豁免国有创业投资机构和国有创业投资引导基金国有股转持义务有关问题的通知》鼓励和引导国有创业风险投资机构加大对中早期项目的投资；2011 年的《新兴产业创投计划参股创业投资基金管理暂行办法》强调政府资金重点参股处于初创期的创新型企业。

国家层面出台的政策，一方面表明政府对于引导风险投资阶段前移问题非常重视；另一方面也可以看出政策中的具体措施还比较缺乏针对性，尤其是在引导风险投资决策团队知识结构调整方面，政策措施可谓乏善可陈。

各地方政府在国家政策的指引下，也出台了大量地方性的引导政策。但是，我们通过总结能发现如下问题。

首先，地方政府非常热衷于引导大规模风险投资基金的发展，而对小规模基金不予重视。但是笔者在研究中发现，大规模基金更偏好后期阶段项目。

其次，税收政策是地方政府鼓励风险投资阶段前移的重要手段。但是税收手段实际上是一个分配问题，也就是说必须在风险投资能够获利的前提下才能发挥作用。如果风险投资自身应对不确定性的能力，不足以支撑其在早期阶段项目中盈利的话，那么税收政策其实是没有太大实际用途的。

最后，风险补偿政策是在风险投资发生损失时，给予一定比例的补偿。该政策能够产生的效应是改变风险投资的风险偏好。从本书的研究中可以看出，只有决策团队对潜在的项目一无所知且没有其他可选项目时，风险偏好才会发挥作用。所以，该政策产生作用的优先顺序非常靠后。

对于决策最为重要的因素——决策团队知识结构的优化，在各地的引导政策中几乎没有相关的条款。

2010～2015年地方层面引导政策内容总结见表7-1。

表7-1 2010～2015年地方层面引导政策内容总结

政策名称	政策内容	预期效果	政策出处
落户奖励	根据落户注册资本奖励	引入大规模基金	深圳（2010）、重庆（2012）
适用税率	"先分后税"	发展合伙制	杭州（2015）、深圳（2010）、重庆（2012）
税收减让	按投资未上市中小科技企业投资额和持股时间减免所得税	引导风险资金投向特定企业	杭州（2015）、温州（2010）、重庆（2015）
税收奖励	总部企业税收奖励	引入总部企业,增加税收	南京（2013）
办公用房	自建、购房、租房补助	引入总部企业	杭州（2015）、南京（2013）
风险补偿	按投资小微企业金额的一定比例，采取事后补贴。投资初创期企业,按损失比例补偿,有上限	引导风险资金投向特定企业	南昌（2015）、上海（2015）、苏州（2015）
投资配比	按照比例配比或者跟投	增加投资量,劣后保障	南昌（2015）、长沙（2015）
规模发展奖励	按落户规模递增奖励	发展大规模基金	杭州（2015）
管理机构奖励	管理机构管理基金规模越大，奖励越多	发展大规模基金	杭州（2015）

第三节　政策建议

在我国风险投资发展的近 30 年中，国家层面和地方层面已出台大量引导政策，以期引导风险投资阶段前移，但是，目前来看效果并不显著。本书结合前面章节的研究结论，以及现有政策的设定现状，有针对性地提出如下政策建议。

一　引导具有创业、海外、研发经历的成员进入决策团队

微观层面检验显示，风险投资决策团队中创业经历、海外发达地区经历，以及研发经历对促进风险投资选择早期阶段项目有显著影响。而目前风险投资决策团队中具有上述三项经历的成员占比均较低（16%、6%、6%）。所以，通过政策引导具有上述经历的成员进入决策团队，是短期内促进我国风险投资阶段前移的重要手段。

（一）政策优惠：引导特殊人才进入管理层

尽管在国家层面和地方层面都出台了大量政策文件，引导风险投资机构成立，以及引导风险投资向企业早期阶段投资，但是，政策的着力点是选择结果，即投资了早期阶段才能获得奖励。如果风险投资不具备应对早期阶段项目风险的能力，那么这种奖励的激励作用是不大的。所以，激励具有创业、海外、研发经历的人员进入风险投资管理层，提升决策团队默会认识能力，才是解决问题的根本，也是最终实现风险投资自发转变投资偏好的根本。具体政策设计可以包括对具有特殊经历背景管理者个人

税赋的减免；对管理层中具有特殊经历成员达到一定比率的机构实施税赋减免；对管理层中具有特殊经历成员达到一定比率的机构进行落户奖励等。

（二）　机制建设：方便特殊人才进入管理层

特殊人才进入风险投资机构的意愿，除了受利益驱动，还受阻于现有制度形成的过高的转移成本。短期内，通过项目式共享、租赁式共享、外包式共享、兼职式共享和候鸟式共享等模式（赵曙明，2009）建立人才共享机制，可绕过当前人才流动的制度性障碍，降低人才流动成本，提高特殊人才流动性。长期内，应出台相关政策，改善现行户籍登记管理制度，完善社会保障制度、工资福利制度，以及人事档案制度，从制度层面降低特殊人才流动的阻力和成本。

二　引导机构扩大本地化投资比率

在微观层面的检验中，风险投资在机构所在地投资时，选择早期阶段项目投资的偏好十分明显，并且样本中风险投资在机构所在地投资占比并不高（约为30%）。因此，通过政策引导增加风险投资在机构所在地的投资占比，则能显著提高风险投资选择早期阶段项目的比率。

（一）　地方政府应注重培育本地风险投资机构

风险投资设立在地域上自发地有集中趋势，而经济发达地区自然成为首选目标。二、三线城市地方政府在发展风险投资时的主体思路是采用政策优惠，吸引外来风险投资机构落户本地。然而，外来风险投资机构对本地项目缺乏了解，这增加了项目投资的潜在风险，不利于本地项目在早期阶段获取风险资金。地方政府放弃短期视角，将政策优惠更多地集中于本地风险投资机构的创设上。因为背景文化相似性所带来的不确定性降解，所以本地风险投资机构更可能对本地企业实施早期阶段投资，从而有助于地方经济的创新与创业活动。

（二）引入机构应注重本地项目介绍

目前，地方政府在引进外来风险投资机构落户后，在项目推介环节十分被动，并未积极主动引导、推介优质项目给引入机构，使得引入机构在引入地无法获得地域优势，只能转向自己原先熟识的人际网络寻找项目。然而，远离机构所在地在管理上带来的劣势，导致其投资风险加大，更倾向于选择后期阶段项目。所以，地方政府在引入风险投资机构落户后，应定期、主动联系引入的风险投资机构，推介优质项目，帮助机构尽快形成本地的"熟人圈子"，借助机构所在地的地理优势，降低机构对早期阶段项目不确定性的感知。

三　政策优惠向 IPO 以外的退出方式倾斜

本书微观层面检验显示，风险投资机构的 IPO 经历会吸引其在总体投资策略中偏向后期项目投资，原因在于 IPO 回报率实在太高，由此引发机构寻求更多接近 IPO 条件的项目，而成熟期项目比早期阶段项目显然更加符合条件。

根据《中国创业风险投资发展报告》统计，在我国，从风险投资退出方式占比来看，回购与并购方式要略高于 IPO。但是，从退出回报率来看，IPO 要远高于回购和并购方式。从历年来国家层面的引导政策和各地方层面的引导政策来看，IPO 也是政府大力提倡的风险投资退出方式。有的地方政府甚至将每年推动的地方上市企业的数量作为业绩考核指标，在其引导政策中不但大力鼓励风险投资推动被投企业上市，而且是尽快上市。在这样的背景下，风险投资必然极力寻找成熟期企业进行投资，实现尽快上市目标，由此不但可从上市退出中获利，而且可从政策优惠中获利。所以，当前的政策引导着力点存在明显问题，改进建议为：①地方政府政策中取消对风险投资推动企业上市的奖励和优惠，因为 IPO 产生的丰厚回报足以引导风险投资机构有动力自主推动企业上市，所以此处的政策优惠反倒助长了部分投资机构急功近利的心态；②对实施管理层回购退出方式的风险投资机构给予奖励、补贴和税收优惠政策，提高回购退出方式的回报率，降低风险投资机构对成熟期项目的关注度；③国家层面政策支持金融衍生品和估值中介机构的发展，多元化并购融资手段，以及提高资本市场对企业价值估值能力，提高并购退出的可行性和回报率。

四　确立不同区域推动阶段前移差异化战略

宏观检验结果显示，各地的产业结构差异导致了当地群体默会知识特征的差异，形成了宏观层面阶段选择现象的不同。而产业结构不是能在短期内改变的因素，因此各地区在推进风险资本投资阶段前移时，应因势利导，形成差异化战略。具体而言：①在第三产业发达、流动性强的城市，引导政策应通过个人所得税手段，以激励独立专业的风险投资机构投资起步期项目为重点；②在承接产业转移的中部主要城市和地区，引导政策应通过加大对新兴产业的研发资助，以激励公司的风险投资机构投资种子期项目为重点。

五　打破行业垄断，倒逼投资阶段前移

我国行业垄断行为还是比较严重的。垄断行业基本进入了成熟期。行业垄断在三个层面对早期阶段项目风险投资发展形成了障碍。一是破坏了以创新和承担风险作为收益来源的核心理念。如果行业处于充分竞争，则垄断利润趋于消除。投资者或生产者要想获得超额利润要么进行自主创新，要么承担更高的风险。但是，制度原因导致的行业垄断使得获取利润的方式走向维持现有制度和寻租，由此破坏了驱动早期阶段项目投资的精神内核。二是破坏了促进早期阶段项目投资的资金流向。在行业垄断的情况下，一方面垄断行业利用市场和资金优势，排挤和侵占创业企业的市场份额；另一方面通过制度优势，利用国家资源分配将经济增长的收益更多地划入垄断行业。这样，经济增长产生的大部分可供再投资的资金都集中到垄断行业中。在进行再投资时，这些资金必然会被投入到垄断行业中，减少了总体可投入早期阶段项目的资金流。三是对社会其他投资资金形成错误引导。社会资金面对垄断行业的高利润，第一想法是通过寻租进入垄断行业"搭便车"。相比之下，投资早期阶段项目变得更加缺乏吸引力。所以，行业垄断的存在是投资者认为早期阶段项目投资要承担高机会成本的关键所在。它从精神内涵到投资资金两方面破坏了投资者选择早期阶段项目的可能性。消除行业垄断获利机会后，风险投资机构的逐利本能将倒逼其将早期阶段项目作为寻求超额利润的来源。

六　增强人才流动性以促进默会知识形成与扩散

鼓励人才流动的政策，本身体现的就是一个开放、创新的文

化建设导向。流动率高的区域实际上也表现出更高的开放性、包容性和创新性。这种文化特征正是默会知识形成和扩散的基础。

默会知识最直接和最根本的获得方式就是实践。只有敢于冒险和尝试才能在新鲜领域获取知识。新知识永远是在探索中形成的。在没有知识的武装和防御下，只有文化赋予的探险精神才能促进人们对未知领域的探索。人才流动本身就是个体探索精神的体现。人才流动也是探索新知识和新领域的前提条件。因此，人才流动性将有助于默会知识的形成。

同时，默会知识在群体间的有效扩散是其发挥最大作用的途径。人才流动实际上意味着技术和知识的流动。加之，人在他乡对合作需求的增加，以及传统观念束缚的减弱，流动的默会知识更加具备了扩散的条件和意愿。

所以，我国的政策制定应以促进人才流动为着力点，方能有效形成开放的文化氛围，促进默会知识的形成和扩散。这是改变我国风险投资阶段选择偏好的根本之道。

第四节　不足之处与后续研究

一　不足之处

首先，风险投资阶段选择产生的影响研究中样本受限。由于风险投资阶段选择对被投资企业的影响检验需要企业未上市之前的财务数据，但这些数据属于未公开数据，因此样本选择只能限于创业板上市的公司。这些公司会公开上市前三年的数据，能够初步满足检验需求，但即使这样样本范围还是受到一定限制，使得检验结果的适用性不够理想。

其次，默会知识影响阶段选择的微观检验中样本略少。代表决策团队默会知识经历和教育背景的信息全部来源于机构网站，不少网站并未公布决策团队的相关信息，导致较多的样本被剔除掉。尽管用于检验的样本量与已有研究中的样本量相当，但如果能获取更多符合要求的样本，检验结果将更具有稳定性。

二　后续研究方向

在本书研究的基础上，后续研究可能的方向有以下两个。

第一，对风险投资机构其他投资策略的拓展研究。除了阶段选择，投资行业选择、投资范围选择，以及投资轮次选择，也是风险投资策略的表现。这些选择行为显然会影响风险投资助推经济作用的发挥，因此研究其形成机制及影响因素的现实意义是显著的。特别是有关风险投资轮次的选择研究，目前国内外还比较少，而我国后续轮次融资占比远低于国外的现象，使得这一问题特别值得研究。

第二，默会知识对风险投资机构绩效的影响。默会知识影响风险投资的策略选择，而策略选择一定会对投资绩效产生影响，所以，可以预期默会知识对投资绩效具有影响力。这方面的研究目前还比较少。通过默会知识对投资绩效的影响研究，则能更为全面地理解默会知识在风险投资中所发挥的作用。

参考文献

［1］〔美〕爱迪思：《企业生命周期》，赵睿译，华夏出版社，2004。

［2］蔡宁、徐梦周：《我国创投机构投资阶段选择及其绩效影响的实证研究》，《中国工业经济》2009年第10期。

［3］陈工孟、俞欣、寇祥河：《风险投资参与对中资企业首次公开发行折价的影响——不同证券市场的比较》，《经济研究》2011年第5期。

［4］〔英〕大卫·休谟：《人性论》，商务印书馆，1980。

［5］戴正农：《"满意化"和"适应性"：西蒙有限理性思想探析》，《江苏社会科学》2011年第6期。

［6］窦军生、李生校、邬家瑛：《"家和"真能"万事"兴吗？——基于企业家默会知识代际转移视角的一个实证检验》，《管理世界》2009年第1期。

［7］窦军生：《默会知识研究的缘起，困惑与出路》，《自然辩证法通讯》2012年第6期。

［8］ 丁祖豪、陈广国：《论不确定性》，《齐鲁学刊》2004 年第 1
期。

［9］ 〔美〕弗兰克·奈特：《风险、不确定性与利润》，郭武军、
刘亮译，华夏出版社，2011。

［10］ 官敬才：《市场经济的人学逻辑》，《河北大学学报》（哲
学社会科学版）1999 年第 4 期。

［11］ 苟燕楠、董静：《风险投资进入时机对企业技术创新的影
响研究》，《中国软科学》2013 年第 3 期。

［12］ 〔英〕哈耶克：《个人主义与经济秩序》，邓正来译，三联
书店，第 1 版，2003。

［13］ 〔瑞典〕汉斯·兰德斯顿：《全球风险投资研究》，李超等
译，湖南科学技术出版社，2010。

［14］ 何平等：《企业寿命测度的理论和实践》，《统计研究》
2008 年第 4 期。

［15］ 黄德海、胡智：《中国国际投资引力、动力和惯性分析》，
《财贸研究》2006 年第 2 期。

［16］ 黄福广、彭涛、邵艳：《地理距离如何影响风险资本对新
企业的投资》，《南开管理评论》2014 年第 6 期。

［17］ 〔美〕科斯：《企业、市场与法律》，盛洪、陈郁译，三联
书店，1990。

［18］ 〔美〕科斯：《制度、企业与组织》，刘刚译，经济科学出
版社，2003。

［19］ 〔英〕莱昂内尔·罗宾斯：《经济科学的性质和意义》，朱
泱译，商务印书馆，2000。

［20］ 李炳炎、江皓：《"科学经济人"新概念的逻辑思考》，

《福建论坛》（人文社会科学版）2005 年第 8 期。

[21] 李涛：《参与惯性和投资选择》，《经济研究》2007 年第 8 期。

[22] 李严、罗国锋、马世美：《风险投资机构人力资本与投资策略的实证研究》，《管理科学》2012 年第 3 期。

[23] 李曜、张子炜：《私募股权、天使资本对创业板市场 IPO 抑价的不同影响》，《财经研究》2011 年第 8 期。

[24] 李玉华、葛翔宇：《风险投资参与对创业板企业影响的实证研究》，《当代财经》2013 年第 1 期。

[25] 李鹏飞、席酉民、张晓军、赵新宇：《管理中的不确定性：一个整合性的多维概念体系》，《管理学报》2014 年第 1 期。

[26] 李纾：《艾勒悖论（Allais Paradox）另释》，《心理学报》2001 年第 2 期。

[27] 李志萍、罗国锋、郁培丽、陈凯：《风险投资近距离投资偏好与投资绩效的实证研究》，《东北大学学报》（自然科学版）2015 年第 7 期。

[28] 林斌：《论不确定性会计》，《会计研究》2000 年第 6 期。

[29] 鲁鹏：《论不确定性》，《哲学研究》2006 年第 3 期。

[30] 〔美〕诺斯：《制度、制度变迁与经济绩效》，杭行译，格致出版社，2008。

[31] 沈维涛、胡刘芬：《分阶段投资策略对风险投资绩效的影响及机理研究》，《当代经济科学》2014 年第 3 期。

[32] 孙凤：《中国居民的不确定性分析》，《南开经济研究》2002 年第 2 期。

[33] 唐绍祥：《不确定性理论、金融市场与不完全信息》，《经

济学动态》2004 年第 11 期。

[34] 汤吉军：《风险、根本不确定性与转型经济理论创新》，
《黑龙江社会科学》2014 年第 4 期。

[35] 万钢：《发展有中国特色风险投资，加快培育战略性新兴
产业》，《中国科技产业》2010 年第 8 期。

[36] 汪浩瀚：《论不确定性理论框架中的现代企业理论》，《江
苏社会科学》2004 年第 5 期。

[37] 汪洋：《产业结构、文化因素与我国风险投资"保险化"》，
《上海财经大学学报》（哲学社会科学版）2013 年第 4 期。

[38] 汪洋：《产业结构、文化因素与风险投资阶段选择》，《中
国科技论坛》，2015 年第 8 期。

[39] 王增鹏、洪伟：《科学社会学视野下的默会知识转移——
科林斯默会知识转移理论解析》，《科学学研究》2014 年
第 5 期。

[40] 王万茂、王群：《土地利用规划中不确定性的识别和处理
研究》，《中国人口资源与环境》2011 年第 10 期。

[41] 〔美〕威廉姆森：《资本主义经济制度》，段毅才译，商务
印书馆，2003。

[42] 〔美〕西蒙：《管理行为》，詹正茂译，机械工业出版社，
2004。

[43] 谢赤、张太原、禹湘：《开放式基金经理惯性投资行为研
究》，《中国管理科学》2008 年第 1 期。

[44] 徐飞：《不确定性视域下的战略管理》，《上海交通大学学
报》（哲学社会科学版）2008 年第 5 期。

[45] 杨大楷、李丹丹：《政府支持对中国风险投资业影响的实

证研究》,《山西财经大学学报》2012 年第 5 期。

［46］严成樑、龚六堂:《经济增长不确定性理论研究新进展》,《经济学动态》2011 年第 2 期。

［47］〔法〕伊利亚·普利高津:《确定性的终结》,湛敏译,上海科技教育出版社,1998。

［48］郁振华:《克服客观主义》,《自然辩证法通讯》2002 年第 1 期。

［49］郁振华:《从表达问题看默会知识》,《哲学研究》2003 年第 5 期。

［50］郁振华:《"没有认知主体的认识论"之批判:波普、哈克和波兰尼》,《哲学分析》2010 年第 1 期。

［51］郁振华: 《人类知识的默会维度》,北京大学出版社,2012。

［52］袁亚辉、黄洪钟、张小玲:《一种多学科系统不确定性分析方法——协同不确定性分析法》,《机械工程学报》2009 年第 7 期。

［53］张雪魁:《混沌、不确定性与经济学认识论》,《汉江论坛》2009 年第 1 期。

［54］张雪魁:《经济学中的不确定性——一种经济哲学视角的考察》,《人文杂志》2013 年第 1 期。

［55］张应华、刘志全、李广贺、张旭:《基于不确定性分析的健康环境风险评价》,《环境科学》2007 年第 7 期。

［56］赵曙明:《中国人力资源管理三十年的转变历程与展望》,《南京社会科学》2009 年第 1 期。

［57］周鸣阳: 《默会知识视阈下家族企业代际传承管理与创

新》,《商业经济与管理》2015 年第 11 期。

[58] 左志刚:《政府干预风险投资的有效性:经验证据及启示》,《财经研究》2011 年第 5 期。

[59] 左志刚:《创业风险投资辛迪加的形成因素及其政策启示》,《国际经贸探索》2012 年第 7 期。

[60] Acs, Z. J. , Audretsch, D. B. , Feldman, M. P. , "R & D spillovers and recipient firm size", *The Review of Economics and Statistics* 86 (2), 1994.

[61] Agnew, J. , Balduzzi, P. , Sunden, A. , "Portfolio choice and trading in a large 401 (k) plan", *The American Economic Review* 3 (1), 2003.

[62] Akerlof, G. , "The market for 'Lemons': quality uncertainty and the market mechanism", *The Quarterly Journal of Economics* 64 (3), 1970.

[63] Alter, M. , Buchsbaum, L. , "Corporate venturing: goals, compensation and taxes", *The Corporate Venturing Directory and Yearbook*, ed. Barr D. (Wellesley, MA: Asset Alternatives, 2000).

[64] Amit, R. , Glosten, L. , Muller, E. , "Entrepreneurial ability, venture investments, and risk sharing", *Management Science* 36 (10), 1990.

[65] Amit, R. , Brander, J. , Zott, C. , "Why do venture capital firms exist? Theory and Canadian evidence", *Journal of Business Venturing* 13 (6), 1998.

[66] Anscombe, F. J. , Aumann, R. J. , "A definition of subjective

probability", *Annals of Mathematical Statistics* 34 (1),
1963.

[67] Armour, J., Cumming, D., "The legislative road to silicon
valley", *Oxford Economic Papers* 58 (4), 2006.

[68] Arrow, K., "Economic welfare and the allocation of resources
for invention", *In The Rate and Direction of Inventive Activity*:
Economic and Social Factors, ed. Universities-National Bureau
Committee for Economic Research, Committee on Economic
Growth of the Social Science Research Council (Princeton,
NJ, US: Princeton University Press, 1962).

[69] Avnimelech, G., Teubal, M., "Creating venture capital
industries that co-evolve with high tech: insights from an
extended industry life cycle perspective of the Israeli
experience", *Research Policy* 35 (10), 2006.

[70] Baker, M., Coval, J., Stein, J. C., "Corporate financing
decisions when investors take the path of least resistance",
Journal of Financial Economics 84 (2), 2007.

[71] Balboa, M., Martí, J., "From venture capital to private
equity: The Spanish experience", *The Journal of Private Equity*
8 (2), 2004.

[72] Barney, J. B., Busenitz, L., Fiet, J., Moesel, D., "The
relationship between venture capitalists and managers in new
firms: Determinants of contractual covenants", *Managerial
Finance* 20 (1), 1994.

[73] Baron, R. A., "Cognitive mechanisms in entrepreneurship: Why

and when enterpreneurs think differently than other people",
Journal of Business Venturing 13 (4), 1998.

[74] Batjargal, B. , "Network triads: Transitivity, referral and
venture capital decisions in China and Russia", *Journal of
International Business Studies* 38 (6), 2007.

[75] Bernoulli, D. , "Exposition of a new theory on the measurement
of risk", *Econometrica: Journal of the Econometric Society*,
1954.

[76] Bertoni, F. , Colombo, M. G. , Grilli, L. , "Venture capital
financing and the growth of high-tech start-ups: Disentangling
treatment from selection effects", *Research Policy* 40 (7),
2011.

[77] Beuselinck, C. , Manigart, S. , "Financial reporting quality
in private equity backed companies: The impact of ownership
concentration", *Small Business Economics* 29 (3), 2007.

[78] Black, B. S. , Gilson, R. J. , "Venture capital and the
structure of capital markets: Banks versus stock markets",
Journal of Financial Economics 47 (3), 1998.

[79] Blalock, H. M. (Ed), Wilken, P. H. (Ed), *Intergroup
Processes: A Micro-macro Perspective* (New York: Free Press,
1979).

[80] Bonini, S. , Alkan, S. , "The political and legal determinants
of venture capital investments around the world", *Small
Business Economics* 39 (4), 2012.

[81] Borges, R. , "Tacit knowledge sharing between IT workers:

The role of organizational culture, personality, and social environment", *Management Research Review* 36 (1), 2013.

[82] Bosma, N. S. (Ed), Levie, J. (Ed), *Global Entrepreneurship Monitor* 2009 *Executive Report* (GERA, 2010).

[83] Bottazzi, L., Da Rin, M., "Venture capital in Europe and the financing of innovative companies", *Economic Policy* 17 (34), 2002.

[84] Bottazzi, L., Da Rin, M., Hellmann, T., "Who are the active investors?: Evidence from venture capital", *Journal of Financial Economics* 89 (3), 2008.

[85] Brophy, D. J., Haessler, M. R., "Evaluating the venture capital fund agreement", *Managerial Finance* 20 (1), 1994.

[86] Bygrave, W. D., "The structure of the investment networks of venture capital firms", *Journal of Business Venturing* 3 (2), 1988.

[87] Bygrave, W. D. (Ed), Timmons, J. A. (Ed), *Venture capital at the crossroads* (Cambridge: Harvard University Press, 1992).

[88] Casamatta, C., Haritchabalet, C., "Experience, screening and syndication in venture capital investments", *Journal of Financial Intermediation* 16 (3), 2007.

[89] Chan, Y. S., Siegel, D., Thakor, A. V., "Learning, corporate control and performance requirements in venture capital contracts", *International Economic Review* 31 (2), 1990.

[90] Chan, Y. , "On the positive role of financial intermediation in allocations of venture capital in a market with imperfect information", *Journal of Finance* 38 (5), 1983.

[91] Chen, H. , Gompers, P. , Kovner, A. , Lerner, J. , "Buy local? The geography of venture capital", *Journal of Urban Economics* 67 (1), 2010.

[92] Chesbrough, H. W. , "Making sense of corporate venture capital", *Harvard Business Review* 80 (3), 2002.

[93] Choi, J. J. , Laibson, D. , Madrian, B. C. , Metrick, A. , "For better or for worse: Default effects and 401 (k) savings behavior", *Perspectives on the Economics of Aging*, ed. David A. Wise (Chicago: University of Chicago Press, 2004).

[94] Cianciolo, A. T. , Matthew, C. , Sternberg, R. J. , Wagner, R. K. , "Tacit knowledge, practical intelligence, and expertise", *The Cambridge Handbook of Expertise and Expert Performance*, 2006.

[95] Clarke, A. E. (Ed), *Biomedicalization* (Hoboken: John Wiley & Sons, Ltd, 2010).

[96] Cohen, L. R. (Ed), Noll, R. G. (Ed), *The technology pork barrel* (Washington, DC: Brookings Institution Press, 2002).

[97] Collins, H. M. , "Tacit knowledge, trust and the Q of sapphire", *Social Studies of Science* 31 (1), 2001.

[98] Collins, H. (Ed), *Tacit and explicit knowledge* (Chicago: University of Chicago Press, 2010).

[99] Cowling, M. (Ed), Bates, P. (Ed), Jagger, N. (Ed), Murray, G. (Ed), *Study of the impact of Enterprise Investment Scheme (EIS) and Venture Capital Trusts (VCT) on company performance* (Institute for Employment Studies, UK: HM Revenue and Customs, 2008).

[100] Crispin-Little, J. E., Brereton, J., "The role of venture capital in high technology finance", *Economic Development Review* 7 (2), 1989.

[101] Christian, H., Rieder, F., "What drives venture capital syndication?", *Applied Economics* 42 (8), 2010.

[102] Cumming, D., Dai, N., "Local bias in venture capital investments", *Journal of Empirical Finance* 17 (3), 2010.

[103] Cumming, D. J., "Adverse selection and capital structure: evidence from venture capital", *Entrepreneurship: Theory & Practice*, 30 (2), 2006.

[104] Cumming, D., Siegel, D. S., Wright, M., "Private equity, leveraged buyouts and governance", *Journal of Corporate Finance* 13 (4), 2007.

[105] Cumming, D., "Public Economics Gone Wild: Lessons from Venture Capital", *International Review of Financial Analysis* 36, 2014.

[106] Dahlstrom, T. R., "The rise and fall of the participating securities SBIC program: Lessons in public venture capital management", *Perspectives in Public Affairs* 8, 2009.

[107] Da Rin, M., Nicodano, G., Sembenelli, A., "Public policy

and the creation of active venture capital markets", *Journal of Public Economics* 90 (8), 2006.

[108] De Clercq, D. , Sapienza, H. J. , "The creation of relational rents in venture capitalist-entrepreneur dyads", *Venture Capital: An International Journal of Entrepreneurial Finance* 3 (2), 2001.

[109] De Prijcker, S. , Manigart, S. , Wright, M. , De Maeseneire, W. , "The influence of experiential, inherited and external knowledge on the internationalization of venture capital firms", *International Business Review* 21 (5), 2012.

[110] Del-Palacio, I. , Zhang, X. T. , Sole, F. , "The capital gap for small technology companies: public venture capital to the rescue?", *Small Business Economics* 38 (3), 2010.

[111] Dhanaraj, C. , Lyles, M. A. , Steensma, H. K. , Tihanyi, L. , "Managing tacit and explicit knowledge transfer in IJVs: the role of relational embeddedness and the impact on performance", *Journal of International Business Studies* 35 (5), 2004.

[112] Dimov, D. P. , Shepherd, D. A. , "Human capital theory and venture capital firms: exploring 'home runs' and 'strike outs'", *Journal of Business Venturing* 20 (1), 2005.

[113] Dimov, D. , Shepherd, D. A. , Sutcliffe, K. M. , "Requisite expertise, firm reputation, and status in venture capital investment allocation decisions", *Journal of Business Venturing* 22 (4), 2007.

［114］Dimov，D. ，Murray，G. ，"Determinants of the incidence and scale of seed capital investments by venture capital firms"，*Small Business Economics* 30 （2），2008.

［115］Dow，D. ，Larimo，J. ，"Challenging the conceptualization and measurement of distance and international experience in entry mode choice research"，*Journal of International Marketing* 17 （2），2000.

［116］Elango，B. ，Fried，V. H. ，Hisrich，R. D. ，Polonchek，A. ，"How venture capital firms differ"，*Journal of Business Venturing* 10 （2），1995.

［117］Fahey，L. （Ed），Narayanan，V. K. （Ed），*Macroenvironmental analysis for strategic management* （St. Paul，MN：West，1986）.

［118］Fazzari，S. ，Hubbard，R. G. ，Petersen，B. C. ，"Financing Constraints and Corporate Investment"，*Brookings Papers on Economic Activity*，1988 （1），1989.

［119］Fiet，J. O. ，"Reliance upon informants in the venture capital industry"，*Journal of Business Venturing* 10 （3），1995.

［120］Fuller，D. B. ，"How law，politics and transnational networks affect technology entrepreneurship：Explaining divergent venture capital investing strategies in China"，*Asia Pacific Journal of Management* 27 （3），2009.

［121］Gifford，S. ，"Limited attention and the role of the venture capitalist"，*Journal of Business Venturing* 12 （6），1998.

［122］Grab，E. L. ，Savage，I. R. ，"Tables of the expected value of 1/X for positive Bernoulli and Poisson variables"，*Journal of the American Statistical Association* 49 （265）, 1954.

[123] Grant,R. M. , "Toward a knowledge-based theory of the firm", *Strategic Management Journal* 17 （S2）, 1997.

[124] Gigerenzer,G. , "How to make cognitive illusions disappear: Beyond 'heuristics and biases' ", *European Review of Social Psychology* 2 （1）, 1991.

[125] Gigerenzer,G. , Hoffrage, U. , Goldstein, D. G. , "Fast and frugal heuristics are plausible models of cognition: Reply to Dougherty, Franco-Watkins, and Thomas （ 2008 ）", *Psychological Review* 115 （1）, 2008.

[126] Gompers,P. A. , Lerner, J. , "A Note on the Venture Capital Industry", *Harvard Business School Background* Note 295 – 065, 1994.

[127] Gompers,P. A. , "Optimal investment, monitoring, and the staging of venture capital", *The Journal of Finance* 50 （5）, 1995.

[128] Gompers,P. A. , "Grandstanding in the venture capital industry", *Journal of Financial Economics* 42 （1）, 1996.

[129] Gompers, P. , Lerner, J. , "Venture capital distributions: Short-run and long-run reactions", *The Journal of Finance* 53 （6）, 1998.

[130] Gompers,P. A. , Lerner J. , "The venture capital revolution", *The Journal of Economic Perspective* 15 （2）, 2001.

[131] Gompers, P. A. , Lerner, J. , "What drives venture capital fundraising?", *National Bureau of Economic Research*

（No. w6906），1999.

[132] Gompers, P. A. , "Venture capital growing pains: Should the market diet?", *Journal of Banking & Finance* 22 （6），1998.

[133] Gourlay, S. , "Conceptualizing knowledge creation: a critique of Nonaka's theory", *Journal of Management Studies* 43 （7），2006.

[134] Guler, I. , Guillen, M. F. , "Institutions and the internationalization of US venture capital firms", *Journal of International Business Studies* 41 （2），2010.

[135] Guo, D. , Jiang, K. , "Venture capital investment and the performance of entrepreneurial firms: Evidence from China", *Journal of Corporate Finance* 42，2013.

[136] Hall, J. , Hofer, C. W. , "Venture capitalists' decision criteria in new venture evaluation", *Journal of Business Venturing* 8 （1），1993.

[137] Hand, J. R. M. , "The value relevance of financial statements in the venture capital market", *The Accounting Review* 80 （2），2005.

[138] Hayek, F. A. , "The use of knowledge in society", *The American Economic Review*，1945.

[139] Hellman, T. , Puri, M. , "The interaction between product market and financing strategy: The role of venture capital", *Review of Financial Studies* 13 （4），2000.

[140] Holmstrom, B. , "Moral hazard and observability", *Bell Journal of Economics* 10，1978.

［141］Insch, G. S. , McIntyre, N. , Dawley, D. , "Tacit knowledge: a refinement and empirical test of the academic Tacit knowledge scale", *The Journal of Psychology* 142 （6）, 2008.

［142］Jeng, L. A. , Wells, P. C. , "The determinants of venture capital funding: evidence across countries", *Journal of Corporate Finance* 6 （3）, 2000.

［143］Kahneman, D. , Tversky, A. , "Prospect theory: An analysis of decision under risk ", *Econometrica: Journal of the Econometric Society* 47 （2）, 1979.

［144］Kaiser, D. G. , Lauterbach, R. , " The need for diversification and its impact on the syndication probability of venture capital investments ", *The Journal of Alternative Investments* 10 （3）, 2007.

［145］Keuschnigg, C. , Nielsen, S. B. , "Tax policy, venture capital, and entrepreneurship", *Journal of Public Economics* 87 （1）, 2003.

［146］Keuschnigg, C. , Nielsen, S. B. , " Start-ups, venture capitalists, and the capital gains tax", *Journal of Public Economics* 88 （5）, 2004.

［147］Keynes, J. M. （Ed）, *A Treatise on Probability* （London, UK: Macmillan and Co. , Limited, 1921）.

［148］Koopmans, T. C. , Beckmann, M. , "Assignment problems and the location of economic activities ", *Econometrica: Journal of the Econometric Society* 25 （1）, 1957.

[149] Kortum, S., Lerner, J., "Assessing the contribution of venture capital to innovation", *Rand Journal of Economics* 31 (4), 2000.

[150] Langlois, R. N., "Transaction-cost economics in real time", *Industrial and Corporate Change* 1 (1), 1992.

[151] Leleux, B., Surlemont, B., "Public versus private venture capital: seeding or crowding out? A pan-European analysis", *Journal of Business Venturing* 18 (1), 2003.

[152] Lerner, J. (Ed), *Boulevard of broken dreams: why public efforts to boost entrepreneurship and venture capital have failed——and what to do about it* (Princeton, NJ, US: Princeton University Press, 2009).

[153] Lerner, J., "The government as venture capitalist: the long-run impact of the SBIR program", *The Journal of Private Equity* 3 (2), 2000.

[154] Lerner, J., "When bureaucrats meet entrepreneurs: the design of effective public venture capital' programmes", *The Economic Journal* 112 (477), 2002.

[155] Lim, K., Cu, B., "The effects of social networks and contractual characteristics on the relationship between venture capitalists and entrepreneurs", *Asia Pacific Journal of Management* 29 (3), 2012.

[156] Lipshitz, R., Strauss, O., "Coping with uncertainty: A naturalistic decision-making analysis", *Organizational Behavior and Human Decision Processes* 69 (2), 1997.

[157] Li, Y. , Zahra, S. A. , "Formal institutions, culture, and venture capital activity: A cross-country analysis", *Journal of Business Venturing* 27 (1), 2012.

[158] Lockett, A. , Murray, G. , Wright, M. , "Do UK venture capitalists still have a bias against investment in new technology firms", *Research Policy* 31 (6), 2001.

[159] Lusardi, A. , Mitchell, O. S. , "Planning and financial literacy: How do women fare?", *National Bureau of Economic Research* (No. w 13750), 2008.

[160] Lutz, E. , Bender, M. , Achleitner, A. K. , Kaserer, C. , "Importance of spatial proximity between venture capital investors and investees in Germany", *Journal of Business Research* 66 (11), 2012.

[161] Madrian, B. C. , Shea, D. F. , "The power of suggestion: Inertia in 401 (k) participation and savings behavior", *The Quarterly Journal of Economics* 116 (4), 2001.

[162] Marschak, J. , "Role of liquidity under complete and incomplete information", *The American Economic Review* 39 (3), 1949.

[163] Maskell, P. , Malmberg, A. , "The competitiveness of firms and regions ' ubiquitification ' and the importance of localized learning", *European Urban and Regional Studies* 6 (1), 1999.

[164] Mason, C. M. , Harrison, R. T. , "Closing the regional equity capital gap: The role of informal venture capital", *Small Business Economics* 9 (2), 1995.

［165］ Mayer, C., Schoors, K., Yafeh, Y., "Sources of funds and investment activities of venture capital funds: evidence from Germany, Israel, Japan and the United Kingdom", *Journal of Corporate Finance* 11 (3), 2005.

［166］ McNaughton, R. B., Green, M. B., "Inter-corporate ownership and diversification in the Canadian economy1976 – 1995", *Journal of Management History* 12 (1), 2006.

［167］ Megginson, W. L., Weiss, K. A., "Venture capitalist certification in initial public offerings", *Journal of Finance* XLVI (3), 1991.

［168］ Meuleman, M., Wright, M., "Cross-border private equity syndication: Institutional context and learning", *Journal of Business Venturing* 26 (1), 2011.

［169］ Michael, Polanyi (Ed), *Study of Man* (Chicago, IL, US: Chicago University Press, 1958).

［170］ Michael, Polanyi (Ed), *Knowing and Being* (Chicago, IL, US: Chicago University Press, 1969).

［171］ Milliken, F. J., "Three types of perceived uncertainty about the environment: State, effect, and response uncertainty", *Academy of Management Review* 12 (1), 1987.

［172］ Miller, D., Shamsie, J., "Strategic responses to three kinds of uncertainty: Product line simplicity at the Hollywood film studios", *Journal of Management* 25 (1), 1999.

［173］ Moesel, D. D., Fiet, J. O., "Embedded fitness landscapes? part2: Cognitive representation by venture capitalists", *Venture Capital: An International Journal of Entrepreneurial Finance* 3 (3), 2001.

[174] Murray, G. C. , Marriott, R. , "Why has the investment performance of technology-specialist, European venture capital funds been so poor?", *Research Policy* 27 (9), 1998.

[175] Muth, J. F. , "Rational expectations and the theory of price movements", *Econometrica: Journal of the Econometric Society* 29 (3), 1961.

[176] Muzyka, D. , Birley, S. , Leleux, B. , "Trade-offs in the investment decisons of European venture capitalists", *Journal of Business Venturing* 11 (4), 1996.

[177] Naqi, S. A. , Hettihewa, S. , "Venture capital or private equity?", *Asian Experience Business Horizons* 50 (4), 2007.

[178] North, D. C. (Ed), *Institutions, institutional change and economic performance* (Cambridge, UK: Cambridge University Press, 1990).

[179] Nonaka, I. , "A dynamic theory of organizational knowledge creation", *Organization Science* 5(1), 1994.

[180] Nonaka, I. , "The Knowledge-Creating Company", *Harvard Business Review on Knowledge Management*, ed. Drucker Peter F. (Boston, MA, US: Harvard Business Press, 1998).

[181] Nonaka, I. , Toyama, R. , Nagata, A. , "A firm as a knowledge-creating entity: a new perspective on the theory of the firm", *Industrial and Corporate Change*, 9 (1), 2000.

［182］ Nonaka,I. , Von Krogh, G. , "Perspective-tacit knowledge and knowledge conversion：Controversy and advancement in organizational knowledge creation theory", *Organization Science* 20 （3）, 2009.

［183］ Park,C. , Vertinsky, I. , Becerra, M. , "Transfers of tacit vs. explicit knowledge and performance in international joint ventures：The role of age", *International Business Review* 24 （1）, 2015.

［184］ Parhankangas,A. , Landstrom, H. , "Responses to psychological contract violations in the venture capitalist-entrepreneur relationship：An exploratory study", *Venture Capital：An International Journal of Entrepreneurial Finance* 6 （4）, 2004.

［185］ Patzelt,H. , Knyphausen-Aufseβ, D. Z. , Fischer, H. T. , "Upper echelons and portfolio strategies of venture capital firms", *Journal of Business Venturing* 24 （6）, 2009.

［186］ Payne,J. W. , Bettman, J. R. , Johnson, E. J. , "Adaptive strategy selection in decision making", *Journal of Experimental Psychology：Learning, Memory, and Cognition* 14 （3）, 1988.

［187］ Pham,T. B. N. （Ed）, *Intra-organizational knowledge transfer process in Vietnam's information technology companies* （Doctoral dissertation, University of Fribourg, Switzerland, 2008）.

［188］ Pratt, S. E. , "Overview and introduction to the venture capital industry", *Pratt's Guide to Venture Capital Sources* 7 （9）, 1987.

[189] Popov, A. , " Venture Capital and Industry Structure: Evidence from Local US Markets", *Review of Finance* 18 (3), 2013.

[190] Popper, K. R. , " Objective Knowledge: An Evolutionary Approach", Philosophical Books 14 (2), 1972.

[191] Pozzali, A. , " Tacit knowledge, implicit learning and scientific reasoning", *Mind & Society* 8 (2), 2008.

[192] Robinson, R. B. , "Emerging strategies in the venture capital industry", *Journal of Business Venturing* 2 (1), 1987.

[193] Romain, A. (Ed), Van Pottelsberghe, B. (Ed), *The economic impact of venture capital* (Frankfurt, Germany: Deutsche Bundesbank, 2004).

[194] Rosenbusch, N. , Brinckmann, J. , Muller, V. , " Does acquiring venture capital pay off for the funded firms? A meta-analysis on the relationship between venture capital investment and funded firm financial performance", *Journal of Business Venturing* 28 (3), 2013.

[195] Ruhnka, J. C. , Young, J. E. , " A venture capital model of the development process for new ventures ", *Journal of Business Venturing* 2 (2), 1987.

[196] Ruhnka, J. C. , Young, J. E. , "Some hypotheses about risk in venture capital investing", *Journal of Business Venturing* 6 (2), 1991.

[197] Sahlman, W. A. , Stevenson, H. H. , " Capital market myopia", *Journal of Business Venturing* 1 (1), 1986.

[198] Sahlman, W. A. , "The structure and governance of venture-capital organizations", *Journal of Financial Economics* 27 (2), 1990.

[199] Samuelson, W. , Zeckhauser, R. , "Status quo bias in decision making", *Journal of Risk and Uncertainty* 1 (1), 1988.

[200] Schertler, A. , "European venture capital markets: fund providers and investment characteristics", *Applied Financial Economics* 15 (6), 2005.

[201] Schroder, C. , Mittelstand, I. F. Z. , Bonn, M. , Bonn, K. D. , Mittelstand, F. F. Z. , Wirtschaftsbeobachtung, L. , Veröffentlichungen, E. , "Does the financial system affects early stage venture capital investments?", *Banks and Bank Systems* 8 (1), 2013.

[202] Selten, R. , "Reexamination of the perfectness concept for equilibrium points in extensive games", *International Journal of Game Theory* 4 (1), 1975.

[203] Sharma, P. , Chrisman, J. J. , "Toward a reconciliation of the definitional issues in the field of corporate entrepreneurship", *Entrepreneurship: Theory & Practice*, *Spring*, 1999.

[204] Siegel, R. , Siegel, E. , Macmillan, I. C. , "Corporate venture capitalists: autonomy, obstacles, and performance", *Journal of Business Venturing* 3 (3), 1988.

[205] Sims, C. A. , "Implications of rational inattention", *Journal of Monetary Economics* 50 (3), 2003.

[206] Simon, H. A., "A behavioral model of rational choice", *The Quarterly Journal of Economics*, 1954.

[207] Simon, H. A., "Rational choice and the structure of the environment", *Psychological Review* 63 (2), 1956.

[208] Simon, H. A. (Ed), *The sciences of the artificial* (Cambridge, MA, US: MIT Press, 1996).

[209] Sorenson, O., Stuart, T. E., "Syndication networks and the spatial distribution of venture capital investments1", *American Journal of Sociology* 106 (6), 2001.

[210] Timmons, J. (Ed), Spinelli, S. (Ed), *New venture creation: Entrepreneurship for the 21st century* (New York, NY, US: McGraw-Hill, 2003).

[211] Tykvová, T., Schertler, A., "Cross-border venture capital flows and local ties: Evidence from developed countries", *The Quarterly Review of Economics and Finance* 51 (1), 2011.

[212] Tversky, A., Kahneman, D., "Availability: A heuristic for judging frequency and probability", *Cognitive Psychology* 5 (2), 1973.

[213] Tversky, A., Kahneman, D., "Advances in prospect theory: Cumulative representation of uncertainty", *Journal of Risk and Uncertainty* 5 (4), 1992.

[214] Tyebjee, T. T., Bruno, A. V., "A model of venture capitalist investment activity", *Management Science* 30 (9), 1984.

[215] Von Neumann, J. (Ed), Morgenstern, O. (Ed), *Theory of games and economic behavior* (Princeton, NJ, US: Princeton University Press, 1945).

[216] Wallsten, S. J., "The effects of government-industry R&D programs on private R&D: the case of the Small Business Innovation Research program", *The RAND Journal of Economics* 31 (1), 2000.

[217] Wright, M., Robbie, K., "Venture capital and private equity: a review and synthesis", *Journal of Business Finance and Accounting* 25 (5/6), 1998.

[218] Wright, M., Lockett, A., Pruthi, S., "Internationalization of Western venture capitalists into emerging markets: Risk assessment and information in India", *Small Business Economics* 19 (1), 2002.

[219] Wright, M., Lockett, A., Clarysse, B., Binks, M., "University spin-out companies and venture capital", *Research Policy* 35 (4), 2006.

[220] Wuebker, R., Corbett, A., Bigelow, L., "Understanding the Internationalization of the US Venture Capital Industry: The Role of Experience, Reputation, and Networks", *SSRN Working Paper Series*, 2011.

[221] Zacharakis, A. L., Shepherd, D. A., "The nature of information and overconfidence on venture capitalists'decision making", *Journal of Business Venturing* 16 (4), 2001.

[222] Zacharakis, A. L., Meyer, G. D., "The potential of

actuarial decision models: can they improve the venture capital investment decision?", *Journal of Business Venturing* 15 (4), 2000.

[223] Zacharakis, A. L., Shepherd, D. A., " The nature of information and overconfidence on venture capitalists' decision making", *Journal of Business Venturing* 16 (4), 2001.

[224] Zaim, H., Gurcan, O. F., Tarom, M., Zaim, S., Alpkan, L., " Determining the Critical Factors of Tacit Knowledge in Service Industry in Turkey", *Procedia-Social and Behavioral Sciences* 207, 2015.

图书在版编目（CIP）数据

中国风险投资阶段选择行为研究：基于默会知识视角/汪洋著．－－北京：社会科学文献出版社，2016.12

ISBN 978 - 7 - 5201 - 0029 - 8

Ⅰ．①中… Ⅱ．①汪… Ⅲ．①风险投资 - 研究 - 中国 Ⅳ．①F832.48

中国版本图书馆 CIP 数据核字（2016）第 299215 号

中国风险投资阶段选择行为研究
—— 基 于 默 会 知 识 视 角

著　　者 / 汪　洋

出　版　人 / 谢寿光
项目统筹 / 陈凤玲
责任编辑 / 陈凤玲　汪　涛

出　　　版 / 社会科学文献出版社·经济与管理出版分社 （010）59367226
　　　　　　地址：北京市北三环中路甲 29 号院华龙大厦　邮编：100029
　　　　　　网址：www.ssap.com.cn
发　　　行 / 市场营销中心 （010）59367081　59367018
印　　　装 / 三河市尚艺印装有限公司

规　　　格 / 开　本：787mm × 1092mm　1/16
　　　　　　印　张：15.25　字　数：176 千字
版　　　次 / 2016 年 12 月第 1 版　2016 年 12 月第 1 次印刷
书　　　号 / ISBN 978 - 7 - 5201 - 0029 - 8
定　　　价 / 79.00 元

本书如有印装质量问题，请与读者服务中心 （010 - 59367028）联系